인기블로거 똘똘토끼의 **초보주부 필수 요리 130**

초보주부,
엄마의 레시피를
훔치다

인기블로거 똘똘토끼의 초보주부 필수 요리 130

초보주부,
엄마의 레시피를 훔치다

신지선 지음

1판 1쇄 발행 | 2013. 2. 26.

발행처 | **Human & Books**
발행인 | 하응백
출판등록 | 2002년 6월 5일 제2002-113호
서울특별시 종로구 삼일대로 457 수운회관 1009호
기획 홍보부 | 02-6327-3535, 편집부 | 02-6327-3537, 팩시밀리 | 02-6327-5353
이메일 | hbooks@empal.com

값은 뒤표지에 있습니다.
ISBN 978-89-6078-155-9 13590

인기블로거 똘똘토끼의 **초보주부 필수 요리 130**

초보주부,
엄마의 레시피를 훔치다

신지선 지음

Human & Books

책을 내면서

결혼하면 어차피 평생 집안일을 해야 하는데, 굳이 집안일을 배울 필요가 없다는 부모님의 보호 속에 쌀 씻는 법도 모르고 결혼을 했습니다. 그 덕에, 퇴근시간 회사 문을 나서는 순간부터 엄마와의 전화가 시작됩니다.

"오늘같이 서늘한 날에는 뭘 먹으면 좋아?"
"콩나물국에 넣을 콩나물은 얼마나 사야 해?"
"돼지고기는 한 근이 얼마만큼이야? 한 근이 원래 구천 원이나 하는 게 맞아?"

오늘의 메인 요리를 정하고, 시장에서 장을 보는 중에도 바가지를 쓰지나 않을까, 너무 많은 양의 재료를 사서 결국 버리게 되지나 않을까, 묻고 또 묻습니다.

엄마와의 대화는 장을 봤다고 끝나지 않습니다. 주방에서 재료를 다듬는 순간부터 요리가 완성되는 순간까지 계속됩니다.

"갖은 양념이 뭔데?"
"자박자박하게 물을 넣으라는 게 얼마만큼이야?"
"한소끔은 몇 분이나 더 끓이라는 거야?"

스무고개를 하듯 저녁을 준비하는 딸을 위해, 엄마는 늘 세상에서 가장 쉬운 답을 준비합니다. 밥 먹는 숟가락으로 한 스푼, 양손 가득 담길 만큼의 양, 냄비 밑바닥이 보일 듯 안 보일 듯 물을 넣고 자박자박하게, 마지막 재료를 넣고 다시 한 번 부글부글 끓어오르면 가스 불을 끄라는 식으로, 엄마는 딸의 눈높이에서 하나씩 하나씩 설명을 합니다.

　어쩌면 이 책은 엄마의 자서전인지도 모릅니다. 평생 남편과 두 딸의 기분을 살피며 그날 그날 새로운 음식을 준비하던 엄마의 인생 이야기. 이제는 그 이야기를, 가정을 꾸린 딸이 추억을 담아 이어보려 합니다.

　결혼 1년, 저희 부부에게는 130가지의 요리를 닮은 130가지의 추억이 생겼습니다.

　맛없는 요리도 최고의 요리사가 해준 음식 같다며 엄지손가락을 치켜세우는 남편.
손녀딸이 고사리 같은 손으로 지은 밥이라며 행복해 하시던 외할머니.
딸이 차린 생일상에 눈시울을 붉히던 아빠와 엄마, 그리고 동생.
정체불명의 요리에도 칭찬을 아끼지 않는 시부모님과 도련님.
앞으로도 차곡차곡 추억을 이어갈 수 있겠죠?
오늘도 변함없이 남편을 위한 요리사 놀이를 하며, 엄마에게 전화를 겁니다.

　마지막으로, 전쟁터처럼 어지럽혀진 주방을 말끔히 정돈해 주는 남편과 산만한 레시피를 멋진 책으로 만들어 주신 (특히, 변덕스러운 요청까지 흔쾌히 이해해 준) 휴먼앤북스 하응백 대표님과 구본근 편집장님, 이연진 디자이너님 모두 감사 드립니다.

2013년 2월

신지선

요리에 들어가기 전에 꼭 준비해야 할 것들

- 계량에 사용하는 스푼 및 국자입니다. 티스푼은 1.5리터 음료수 뚜껑과 비슷한 크기에 깊이는 뚜껑 반 정도입니다.
- 스푼, 일명 밥숟가락은 1000cc 우유 뚜껑과 비슷한 사이즈 이고, 깊이는 뚜껑 반 정도입니다.
- 국자는 커피전문점에서 판매하는 보온 머그컵 뚜껑 사이즈 와 비슷하고 깊이는 우유 뚜껑의 1.5배 정도입니다.

- 냉동실에 어슷썬 청양고추, 홍고추, 대파와 0.5~0.7cm 두께로 썬 표고버섯, 다진 마늘은 항상 보관합니다. 그래야 필요한 재료를 그때그때 사오는 수고를 덜 수 있습니다.
- 감자, 양파, 당근 3인방도 냉장고에 상시 보관하는 것이 좋습니다.

- 멸치육수는 작은 봉지에 담아 냉동실에 보관합니다. 찌개, 국, 조림 등 다양한 곳에 쓰이는 마법의 육수입니다.

4

- 거칠어지는 손을 보호할 수 있는 마법의 장갑입니다. 일반 고무장갑은 장갑이 큼지막해, 칼질이나 야채 등 재료를 다듬기 어려운 데 반해, 사진에 보이는 미용 장갑은 손에 딱 맞아서 장갑을 끼고도 칼질이나 야채 다듬기 등이 가능합니다. 어쩌면, 결혼할 때 엄마가 잔뜩 사다 준 미용장갑 덕분에 요리에 흥미를 갖게 됐는지도 모르겠습니다. 손이 거칠어졌다면, 요리를 등한시했겠죠?

5

- 연장이 좋아야 일도 수월하다고, 요리의 기본 도구인 칼과 도마는 최고급으로 장만하는 것이 좋습니다. 칼을 크기별로 여러 자루 사느니, 한 자루를 사더라도 제대로 된 것을 사는 것이 요리에 흥미를 붙이는 지름길입니다.

- 어떤 칼이 좋은지 브랜드를 말씀드릴 수는 없지만 고급 칼이 역시 칼질하기에 수월합니다. 제가 쓰는 칼도 채썰기, 다지기 등 아무리 칼질을 해도 팔이 아프지 않을 만큼 요리하기 수월합니다. 반대로, 무 혹은 당근 같은 야채 껍질 벗기는 칼은 마트에서 가장 저렴한 것을 사도 껍질이 잘 깎입니다.

CONTENTS

책을 내면서 4
요리에 들어가기 전에 꼭 준비해야 할 것들 6

 **퇴근하고 후다닥 밥하기**

1-1 밥

001 무밥	입맛 없는 할머니를 위한 부드러운 밥	16
002 규동	요즘 유행하는 소고기덮밥	18
003 버섯밥	초겨울 가장 저렴한 식재료로 만든	20
004 열무비빔밥	입맛 없는 남편을 위한 처방전	22
005 김치볶음밥	저녁도 못 먹고 야근한 남편을 위한 초스피드 한 끼	24
006 오므라이스	고등학교 앞 분식집 인기 메뉴	26
007 새우볶음밥	초등학교 졸업식에나 맛볼 수 있었던 특별요리 중화풍 볶음밥	28
008 더덕밥	자투리 더덕으로 향긋한 영양밥 만들기	30
009 마파두부밥	찬밥 및 남은 두부로 만드는 괜찮은 중국 요리	32
010 팽이버섯 덮밥	퇴근하고 10분이면 만들 수 있는 초간단 일식 덮밥	34
011 카레라이스	냉장고에서 하루 묵은 카레의 재발견	36
012 산채비빔밥	부처님 오신 날' 먹어봤던 사찰 비빔밥 흉내 내기	38
013 자장밥	춘장만 있으면 손쉽게 만들 수 있는 중국 요리	40
014 홍합밥	홍합 맛이 깊숙이 밴 맛있는 밥	42

1-2 국, 탕, 찌개

015 북엇국	15분이면 먹을 수 있는 초간단 해장국	44
016 조개 미역국	남편 생일 맞이, 손쉽게 미역국 끓이기	46

017 홍합국	단돈 5천 원이면 4인분 국이 뚝딱!	48
018 배춧국	초겨울 가장 저렴한 식재료로 만든 구수한	50
019 어묵국	깔끔하게 어묵만 넣고 끓인	52
020 쑥국	향긋한 봄 내음 전하는	54
021 콩가루 냉이된장국	고소함이 묻어나는 봄 향기를 맛보다	56
022 시금치 된장국	홍합을 넣어 시원한 된장국 끓이기	58
023 돼지고기 야채된장국	돈지루, 한국식으로 끓이기	60
024 김국	더운 여름에 먹기 좋은 초간단 냉국	62
025 콩나물 해장국	으슬으슬 몸살이 올 때는 뜨끈한 국밥 한 그릇	64
026 미역 냉국	여름철 부모님 생신을 위한 시원한 국	66
027 초계탕	삼계탕에 질린 남편을 위한 복날 보양식	68
028 오징어탕국	국물이 시원한 경상도식 탕국	70
029 가지 된장찌개	여름철 별미 된장찌개 맛있게 끓이기	72
030 묵은지 된장찌개	형님에게 배운 마산식 된장찌개	74
031 달래 된장찌개	봄 소식 전하는 달래 향이 가득한	76
032 참치 김치찌개	참치 김치찌개, 칼칼하면서도 담백하게 끓이기!	78
033 꽁치 김치찌개	푹 익힌 흐물흐물한 묵은지와 꽁치의 조화	80
034 돼지고기 고추장찌개	남편이 제일 좋아하는 찌개	82
035 부대찌개	스팸을 좋아하는 남편을 위한 국물 요리	84
036 조기찌개	외할머니가 가장 좋아하던 국물이 뽀얀	86
037 애호박 새우젓찌개	외할머니께 배운 간단한 시골식 찌개	88
038 맑은 두부전골	으슬으슬 몸살 기운이 있을 때, 영양만점 두부로 원기회복!	90
039 버섯전골	해장에 좋은 담백한 전골 만들기	92

1-3 반찬

040 봄동&유채잎 겉절이	봄동과 유채잎(하루나)의 고소한 봄 내음!	94
041 들깨 참나물무침	한정식집 단골 메뉴 흉내 내기	96
042 더덕구이	더덕 향 온전히 살리기 프로젝트	98
043 들기름 호박전	사찰음식 따라하기	100

044 가지찜 저렴하고 맛있는 여름 반찬 102
045 미나리무침 입맛 살려주는 초간단 반찬 104
046 콩나물무침 고추장 넣고 비벼 먹기 좋은 반찬 106
047 무생채 새콤, 달콤, 매콤한 맛을 아삭아삭 음미하는 108
048 취나물무침 나이 먹을수록 좋아지는 반찬 110
049 가지간장무침 냉장고에 보관하고 먹어도 맛있는 가지 요리 112
050 꼬막된장찌개&꼬막무침 겨울철 입맛 살려주는 114
051 주꾸미볶음 꼬들꼬들 매콤한 주꾸미가 왔어요~ 116
052 열무김치볶음 달짝지근하면서도 구수한 엄마표 김치볶음 118
053 닭볶음탕 통감자를 넣은 닭볶음탕 먹으며 집에서 야유회 기분 내기 120
054 뚝배기 불고기 초딩 입맛 남편이 좋아하는 고기 반찬 122
055 갈치조림 초보주부, 마침내 생선 요리 도전하다! 124
056 계란찜 몸살이 왔을 때 먹으면 좋은 엄마표 특별 영양식 126
057 제육볶음 양배추 넣어 매콤하고 달달하게 볶은 삼겹살 128

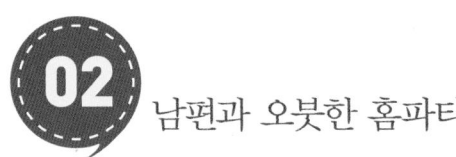

02 남편과 오붓한 홈파티

058 버섯크림파스타 초보주부 집에서 파티하기 132
059 모짜렐라치즈 토마토 스파게티 초보주부 집에서 파티하기 134
060 일본식 버섯스파게티 간단하게 즐기는 가정식 스파게티 136
061 로즈마리 발사믹소스 안심 스테이크 로즈마리 향을 머금은 스테이크 만들기 138
062 레드와인소스 안심 스테이크 메쉬드포테이토와 잘 어울리는 스테이크 만들기 140
063 샹그리아 과일 향 가득한 스페인 전통 와인 142
064 마늘볶음밥 패밀리레스토랑 인기 볶음밥 만들기 144
065 비엔나소시지 야채볶음 마늘 향 그윽한 쏘야에 맥주 한 캔의 즐거움 146
066 꼬치어묵탕 집에서 즐기는 일본식 오뎅바! 148
067 감자전 손쉽지만 있어 보이는 술안주 150

068 김치전	비 오는 날 오후, 바삭바삭한 김치전에 아이스커피 한 잔! 152
069 호박 부침개	외할머니가 좋아했던 부드러운 부침개 154
070 해물파전	비 오는 날엔 역시 막걸리, 캬~ 156
071 부추전	고소하면서도 파릇파릇한 맛 158
072 바질페스토 해산물볶음	유러피안 스타일 안주와 시원한 맥주 한 잔 160
073 일본식 돼지고기 야채볶음	남은 재료를 활용한 요리 162
074 골뱅이무침	새콤 달콤 매콤! 여름철 최고의 맥주 안주 164
075 닭백숙 부추무침	여름철 MT 술안주로 최고! 166
076 훈제오리 부추무침	새콤한 부추와 아삭한 콩나물에 싸먹기 168
077 시금치 샐러드	양식요리에 잘 어울리는 초간편 샐러드 170
078 발사믹 버섯샐러드	10분이면 완성하는, 모양도 맛도 럭셔리한 술안주 172
079 상추 샐러드	오리엔탈 드레싱과 잘 어울리는 야채 샐러드 174

03 잔칫상 폼나게 차리기

080 소고기 미역국	부모님 생신상 기본 메뉴 미역국 맛있게 끓이기 178
081 떡국	양지머리 육수에 삼색 고명을 얹은 새해 음식 180
082 잡채	잔칫상에 빠지지 않는 인기 메뉴 182
083 불낙전골	부모님을 위한 뜨끈한 전골 요리 184
084 훈제오리 무쌈말이	집들이 음식 단골 메뉴 186
085 치즈 버섯샐러드	특별한 날에 함께하기 좋은 에피타이저 188
086 감자그라탱	스트레스를 한 방에 없애주는 느끼한 안주 190
087 꼬치전과 표고버섯전	손쉽게 만들 수 있는 제사 음식 만들기 192
088 감자전/오징어 부추전/버섯전	초보주부도 만들 수 있는 194
089 가지말이	유자청 소스를 얹은 새콤달콤 아삭아삭한 집들이 전문 메뉴 196
090 가지튀김&깻잎튀김	손쉽게 구할 수 있는 재료로 바삭바삭한 야채튀김 만들기 198
091 두부김치	모짜렐라치즈를 얹은 파티음식으로 재탄생 200

092 단호박 해물찜	피자를 좋아하는 엄마와 시어머님을 위한 요리	202
093 중국식 해산물 야채볶음	손쉽지만 제법 폼나는 요리	204
094 광동식 우럭찜	생강과 파 향이 어우러진 담백하면서 탱글탱글한 생선찜	206
095 고추잡채	집들이, 배고픈 식전에 먹기 좋은 요리	208
096 동파육	중국식 삼겹살 요리	210
097 해물 누룽지탕	굴소스만 있으면 나는 요리사다!	212

04 밥하기 귀찮은 주말 그러나 로맨틱하게

098 베이컨말이 주먹밥	반찬이 필요 없는 주먹밥!	216
099 삼색 하트 주먹밥	봄 소풍 도시락 만들기	218
100 김치비빔국수	새콤달콤한 비빔국수	220
101 김치국수(갱시기국수)	휴일 점심, 라면 대신 먹기 좋은	222
102 김치말이 잔치국수	찬 바람이 불면 생각나는 뜨끈뜨끈한 국수 한 그릇!	224
103 메밀소바	가슴까지 뻥 뚫어주는 시원한 메밀 한 판!	226
104 쫄면	회사 동료가 추천하는 여름철 기분 좋아지는 음식!	228
105 수제비	감자 썰어 넣고 시골식으로 반죽한 수제비 떠넣기	230
106 피자밥 김치전	비 오는 날 밥 대용으로 딱 좋아!	232
107 길거리 토스트	출출할 땐 간단하고 맛난 토스트로	234
108 피넛 바나나 샌드위치	딸기잼에 지친 아침 색다른 샌드위치	236
109 감자 샌드위치&햄에그 샌드위치	남은 재료로 샌드위치 만들기	238
110 과일 샌드위치	생크림을 듬뿍 얹은 새콤달콤한 과일 샌드위치!	240
111 수제 햄버거	햄버거라고 모두 정크푸드는 아니다!	242
112 스크램블에그 브런치	늦잠 잔 휴일 아침 간단한 브런치로 한 끼 해결!	244
113 크로크무슈&크로크마담	프랑스식 브런치 먹고 파리지엥 기분 내기!	246
114 버섯오믈렛 브런치 세트	집에서 손쉽게 브런치 세트 만들기!	248
115 피자빵 브런치	식빵으로 만드는 소시지 피자&마르게리타 피자	250

116 프렌치 토스트　　　　　딱딱한 바게트로 만든 촉촉한 토스트 252
117 베이컨 치즈 오믈렛과 베이컨 달걀 프라이　크로아티아 호텔에서 먹었던 초간단 브런치 254
118 카나페　　　　　　　쉽지만 폼나는 와인 안주 256
119 야채죽&소고기죽&참치죽　애매하게 남은 밥으로 아침식사용 죽 만들기 258
120 미역죽　　　　　　　다이어트 하는 후배를 위한 건강죽 260
121 잣죽　　　　　　　　몸살 기운으로 입맛을 잃었을 때 생각나는 고소한 죽 262
122 게살 수프　　　　　　손쉽게 맛살로 만든 요리 264
123 클램 차우더 수프　　　비 오는 날 아침에 생각나는 엄마표 수프 만들기 266
124 가스파초　　　　　　스페인식 시원한 토마토 수프 만들기 268
125 엽기 떡볶이　　　　　요즘 유행하는 엄청 매운 떡볶이 만들기 270
126 길거리 떡볶이　　　　국물 떡볶이 맛있게 만드는 비법! 272
127 홍차 팥빙수　　　　　연유와 미숫가루 듬뿍 뿌린 엄마표 빙수에 홍차를 부어 세련되게! 274
128 단호박 치즈케이크　　어르신들도 좋아할 만한 케이크 손쉽게 만들기 276
129 호두 파운드케이크　　머핀믹스를 이용해 손쉽게 케이크 만들기 280
130 블루베리 치즈케이크　　여자들이 좋아하는 새콤하고 부드러운 케이크 282

부록

01 누룽지 튀김 만들기 288
02 케이크 유산지틀 만들기 289
03 멸치육수 만들기 290
04 양념장(영양밥, 부침개) 291
05 쌈장 292
06 맛있는 고추장 293

앗! 퇴근 시간이다!
회사를 나서 열심히 달려 집에 왔건만, 남편이 오기까지 남은 시간은 40분!
밥을 앉히고, 후다닥 반찬을 준비하는 사이
현관문을 열고 들어오는 남편의 목소리가 들립니다.

남편아~ 밥 묵자!

01

퇴근하고 후다닥 밥하기

조리시간 30분

입맛 없는 할머니를 위한 부드러운 밥

무밥
001

모처럼 할머니와 단둘이 집에 남게 된 휴일 오후. 음식을 잘 씹지 못하는 할머니를 위한 특식으로 "무밥"을 보름 넘게 죽으로 식사를 하실 정도로, 준비했어요. 우리 할머니 표현대로라면, 무수밥!

주재료 | 무 1/2개(쌀 양의 2배), 쌀 2인분 **양념장 |** 쪽파 1~2줄기, 다진 마늘 1티스푼, 통깨 1티스푼, 갈은 깨 1티스푼, 고춧가루 1티스푼, 양조간장 2스푼, 국간장 2스푼, 물 2스푼, 들기름(혹은 참기름) 1스푼

2인분

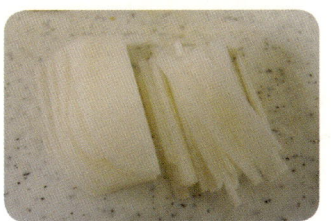

1 무를 씻어서 껍질을 벗긴 후 채썬다. 무채는 새끼손가락 반 정도 굵기(채나물용 무보다 굵게)로 썰어준다. 무의 양은 쌀의 2배 정도 부피로 준비한다.

2 씻은 쌀을 밥솥에 넣고 그 위에 무채를 올린다. 무에서 수분이 나오니, 밥의 물은 평소보다 조금 적게 한다.

할머니를 위해 질은 밥을 준비할 경우, 쌀을 한 시간 전에 씻어서 불려 놓고, 평소만큼 물을 넣고 밥을 하면 좋아요.

3 밥을 안친 후, 양념장을 준비한다. 쪽파 1~2줄기를 잘게 썰고, 다진 마늘 1티스푼, 통깨 1티스푼, 갈은 깨 1티스푼, 고춧가루 1티스푼, 양조간장 2스푼, 국간장 2스푼, 물 2스푼을 넣고 섞어준다.

깨는 통깨만 혹은 갈은 깨만 넣어도 되지만 둘을 반씩 섞으면 고소한 향이 강하면서도 씹는 맛이 있어 좋아요.

4 마지막으로 들기름을 1스푼 넣으면 완성. 취향에 따라 참기름을 넣어도 좋은데, 무밥에는 들기름이 잘 어울린다. 완성된 무밥을 그릇에 담고, 양념장을 얹어서 비벼 먹는다.

초보 한마디!

치아가 좋지 않아 잘 씹지 못하는 우리 할머니도 한 그릇을 뚝딱 비우실 만큼 부드럽게 잘 넘어갑니다. 할머니 말씀으로는 가을무가 달콤하고 시원해서 유독 맛이 좋다고 하네요.

조리시간
20분

요즘 유행하는 소고기덮밥
규동
002

요즘 유행하는 일본식 소고기덮밥 "규동"입니다.
언젠가 요리 책에서 접하곤 군침을 흘리다가 오늘에서야 만들어 보게 되었는데요.
기존 레시피를 따르면서 좋아하는 재료를 첨가해 나만의 규동을 완성했어요!

주재료 | 등심 2덩어리(얇게 썬 소고기 한 주먹), 양파 1/2개, 파프리카 1/4개, 팽이버섯 1/4개
양념 | 미림(혹은 먹다 남은 소주나 청주) 3스푼, 진간장 2스푼, 물 2스푼, 올리고당 1/2스푼

1 양파와 파프리카는 0.5cm 두께로 얇게 채썰고, 팽이버섯은 양파 길이로, 소고기는 먹기 좋은 크기로 썬다.

2 팬에 쇠기름을 녹여 기름을 둘러준다. 쇠기름이 없으면 식용유 1~2방울을 떨어트려 팬에 둘러준다.

3 가열된 팬에 소고기를 볶다가 핏기가 거의 가실 쯤 양파를 넣고 볶는다. 양파가 투명해지면 파프리카를 넣고 볶는다.

4 파프리카를 넣자마자 팬의 불을 세게 올리고, 미림 3스푼을 넣고 알코올을 날려준 다음, 불을 다시 약하게 줄이고 진간장 2스푼과 물 2스푼을 넣고 조린다.

5 소스가 거의 다 사라질 쯤, 올리고당 1/2스푼을 넣고 섞어준 후 불을 끄고 팽이버섯을 섞는다.

6 밥 위에 소고기와 야채 볶은 것을 얹어주면 달콤짭조름한 규동 완성!

팽이버섯은 오래 익히면 숨이 빠져, 실처럼 가늘어지니 불을 끄고 여열로만 익히는 게 좋아요.

초보 한마디!

일본식 요리나 생선 요리를 하다 보면, 미림(맛술)이 필요한 경우가 있는데요. 시판 미림을 구매해도 되고, 먹다 남은 소주나 청주를 이용해도 좋아요. 단, 소주는 특유의 알코올 향이 강하니 반나절쯤 뚜껑을 열어놔 알코올 향을 날려준 다음 요리에 쓰는 것이 좋아요.

조리시간 30분

초겨울 가장 저렴한 식재료로 만든
버섯밥
003

결혼 한 달째!
아직은 엄마가 냉장고 한가득 넣어준 각종 식재료만으로도 몇 달은 더 먹고 살 수 있지만!
"느타리버섯 한 팩에 300원"이라고 외치는 마트 아저씨의 목소리에 낚여 장바구니에 냉큼 버섯을 담았네요.

주재료 | 느타리버섯 1/2팩, 표고버섯 3~5개, 쌀 2인분   **양념** | 쪽파 1~2줄기, 다진 마늘 1티스푼, 통깨 1티스푼, 갈은 깨 1티스푼, 고춧가루 1티스푼, 양조간장 2스푼, 국간장 2스푼, 물 2스푼, 참기름 1스푼

2인분

1 쌀을 씻어 밥솥에 담은 후 그 위에 느타리버섯은 길게 찢어서, 표고버섯은 0.5cm 두께로 도톰하게 썰어 얹는다. 그리고 취사 시작!

2 밥이 되는 동안 양념장을 준비한다.

'00이 무밥'의 양념장 만들기를 참고하세요. 단, 무밥과 달리 버섯밥은 참기름이 더 잘 어울린답니다.

3 버섯밥 완성! 그릇에 밥을 담고 양념장을 얹어 비벼 먹는다.

초보 한마디!

촉촉하게 윤기가 흐르는 버섯밥! 저렴한 식재료로 손쉽게 만들었지만, 고급 한정식집 영양밥 같죠? 재료를 손쉽게 구할 수 있다는 이유로, 버섯밥을 자주 만드는데요. 버섯밥을 만들 때, 주의할 점이 하나 있어요. 여러 종류의 버섯을 넣으면 더 맛있을 줄 알고 느타리버섯, 표고버섯, 팽이버섯, 양송이버섯, 새송이버섯 등등을 다양하게 섞어 봤더니! 팽이버섯은 미끈거려 식감이 좋지 않고, 새송이버섯은 특유의 향 때문에 다른 버섯의 향을 눌러 버리더라고요. 버섯밥 만들 때, 새송이버섯과 팽이버섯은 넣지 마세요.^^

조리시간 30분

입맛 없는 남편을 위한 처방전
열무비빔밥
004

봄이 와서 입맛도 없고 나른하다는 남편!
밥심으로 봄을 이겨내길 바라며 비빔밥을 준비했습니다.
아삭아삭 씹히는 오이와 들 내음 솔솔 풍기는 가지를 곁들인 열무비빔밥을 먹었으니,
힘이 불끈 솟겠죠?

주재료 | 잘 익은 열무김치 한 주먹, 오이 1/2개, 당근 1/4개, 가지 1/3개, 달걀 2개, 새싹, 식용유, 소금, 들기름, 다진 마늘 1/2티스푼, 국간장 1/2스푼 **양념 |** 고추장, 참기름(혹은 들기름)

1 오이는 얇게 저민 후, 소금을 솔솔 뿌려놨다가 물기가 생기면 꼭 짠다.

2 팬에 식용유를 조금 두르고, 물기 뺀 오이를 볶는다. 오래 볶으면 오이가 물컹해질 수 있으니, 오이가 투명해지려 하면 불을 끄고 접시에 옮겨 담는다.

3 당근을 채썰어 준비하고 팬에 식용유를 조금 두른 후 볶는다. 볶으면서 입맛에 따라 소금으로 간을 한다.

4 가지를 반달 모양으로 두툼하게 썬 후, 들기름을 두른 팬에 볶는다. 이때 다진 마늘 1/2티스푼과 국간장 1/2스푼을 넣고 같이 볶아준다.

5 야채를 볶지 않은 다른 팬에 달걀 프라이를 한다. 노른자를 익히지 않은 반숙이 비빔밥에 잘 어울리지만, 취향에 따라 노른자를 익혀도 좋다.

6 밥 위에 준비한 야채와 먹기 좋은 길이로 썬 열무김치를 얹고, 달걀 프라이와 새싹을 올려준다. 고추장과 참기름을 취향에 따라 넣고 비비는데, 열무김치 국물을 한 숟갈 넣고 비비면 더욱 맛있다.

저녁도 못 먹고 야근한 남편을 위한 초스피드 한 끼

김치볶음밥
005

조리시간 10분

야근을 마치고 밤늦게 귀가한 남편.
당연히 저녁을 먹고 야근을 했으려니 했는데, 바빠서 저녁을 놓치고 말았다네요.
지어 놓은 밥도 없고, 국이나 찌개를 끓이려면 한 시간은 걸릴 테고…
어쩌나 고민하던 중 김치볶음밥이 퍼뜩 떠올랐어요!

주재료 | 찬밥 1인분, 김치 한 주먹, 김치국물 1스푼, 참치 1/2캔, 버터 2티스푼, 양파 1/4개, 슬라이스 치즈 1.5개

1인분

1 팬에 버터 1티스푼과 다진 양파를 넣고 볶는다.

2 양파가 투명해질 쯤, 채썬 김치와 버터 1티스푼을 추가로 넣고 볶는다.

3 김치가 반쯤 익으면, 찬밥과 김치국물 1스푼을 넣고 볶는다.

4 김치와 찬밥이 고루 섞였으면, 참치 1/2캔을 넣고 섞어준다.

> 고슬고슬한 볶음밥을 좋아하면 참치 기름을 빼고 살코기만 넣고, 촉촉한 볶음밥이 좋으면 참치 기름을 함께 넣고 볶아 주세요.

5 볶음밥이 완성되면 불을 끄고, 슬라이스 치즈 1/2개를 조각 내서 섞는다.

> 치즈를 넣은 상태로 계속 가열하면 치즈가 녹아서 눌어붙지 않게 되니 팬의 불을 끈 상태에서 섞어 주세요.

6 접시에 김치볶음밥을 담은 후, 기호에 따라 슬라이스 치즈 1장을 추가로 얹고 케첩을 뿌려 먹는다.

초보 한마디!

김치볶음밥의 정석은 달걀프라이를 얹어 먹는 것인데, 치즈를 좋아하는 남편은 볶음밥 위에 슬라이스 치즈 한 장을 '더' 올리네요. 놀라서 보고 있는데 이번에는 케첩을! 보기만 해도 느끼한 모습에 인상을 쓰며 보고 있노라니, 남편이 맛있다며 한 숟가락 먹여 주더라고요. 그런데, 이런! 먹을수록 손이 가는 맛이네요.^^

조리시간 30분

고등학교 앞 분식집 인기 메뉴
오므라이스
006

냉동실에 찬밥이 한가득입니다. 이번 주 내내 전자레인지에 데운 봉지밥을 줬더니, 남편이 언제 새 밥을 먹을 수 있는 거냐며 투덜거리네요. 그렇다고 찬밥을 버릴 수도 없는 노릇이고~ 고민 끝에 찬밥으로 만들지만, 갓 지은 새 밥 같은 분식집 인기 메뉴를 준비했어요.

주재료 | 비엔나 소시지(혹은 햄) 한 주먹, 양파 1/2개, 당근 1/4개, 피망 1/2개, 찬밥 2인분, 케첩, 달걀 3개

소스 | 토마토소스(페이스트, 레구레토 등 시판 소스) 3스푼, 케첩 3스푼, 물 3스푼, 핫소스 1/2스푼(타바스코 등 시판 소스), 파슬리 가루

2인분

1 야채와 소시지를 잘게 썰고, 달걀 3개는 풀어놓는다.

2 팬에 기름을 두르고 당근과 양파를 볶는다.

3 양파가 투명해지면 피망과 소시지를 넣고 살짝 볶다가, 찬밥을 넣고 고슬고슬 볶는다. 찬밥 덩어리가 전부 풀어졌으면, 케첩을 넣고 섞어준다. 케첩은 조금 싱거울 만큼 넣는다.

4 또 다른 팬에 풀어놓은 달걀물을 반(1인분에 필요한 달걀 1개 반)만 붓고 한쪽 면에 볶아놓은 밥을 올린다.

소스를 뿌려 먹기 때문에, 간을 정확히 맞추면 완성됐을 때 짜게 느껴질 수 있거든요.

5 달걀물이 반쯤 익으면, 반으로 접고 불을 끈다.

6 시판 토마토소스와 케첩, 물을 동일 비율로 섞고 묽게 끓인다. 이때, 매콤새콤한 맛을 좋아하면 핫소스 1/2스푼을 넣어준다. 접시에 오므라이스를 올리고 소스를 뿌린 후, 파슬리 가루를 솔솔 뿌려주면 끝.

피자 배달 시켜먹고 남은 핫소스를 보관했다가 오므라이스 소스 만들 때 사용하면 좋아요.

조리시간 30분

초등학교 졸업식에나 맛볼 수 있었던 특별요리 중화풍 볶음밥

새우볶음밥
007

결혼 200일이 됐어요! 100일 때는 케이크에 촛불 켜고 와인까지 마셨는데, 이젠 우리도 결혼 중년?! 그냥 지나치기도 그렇고 특별한 요리를 만들기도 그렇길래, 찬밥을 이용해 초등학교 시절 "특별한 날"에만 맛볼 수 있었던 새우볶음밥을 준비했어요.
결혼생활에 있어서 중요한 건 뭐니 뭐니 해도 실속이죠.

주재료 | 칵테일 새우 20~25마리, 양파 1/2개, 감자 1/2개, 당근 1/4개, 피망 1/2개, 파프리카 1/4개, 달걀 1개, 찬밥 2인분, 식용유 **양념** | 굴소스

2인분

1 칵테일 새우는 물에 한 번 씻어서 체에 받쳐 물기를 빼고, 각종 야채는 잘게 썬다.

2 달걀 1개를 흰자와 노른자가 잘 섞이도록 풀어준다. 팬에 식용유 조금 두르고 달걀물을 부어준 후, 달걀물이 반쯤 익으면 젓가락으로 저어 조각을 낸다.

3 또 다른 팬에 식용유를 두르고 양파, 당근, 감자를 볶다가 양파가 투명한 빛을 띠면 피망, 파프리카를 넣고 살짝 볶는다.

4 찬밥과 새우, 미리 만들어 놓은 달걀을 넣고 고슬고슬 볶아주다 굴소스로 간을 한다.

굴소스는 짠맛이 강하므로 간을 보면서 조금씩 넣어주세요.

초보 한마디!

볶음밥은 둥근 모양의 밥그릇에 담은 후, 그릇을 뒤집어서 접시에 담아주세요. 그릇에 밥을 담을 때는 바닥에 새우를 골라 2~3개를 깔아 주시고요. 그래야 중국집에서 나오는 것처럼 새우가 송송 박힌 둥근 모양의 볶음밥이 된답니다.

조리시간 30분

자투리 더덕으로 향긋한 영양밥 만들기

더덕밥
008

더덕구이 하느라 까놓은 더덕을 두 번에 나눠 먹긴 양이 적고, 한꺼번에 다 먹긴 많아서 크기가 작은 것들을 골라서 남겨놨었는데요. 남은 더덕으로 뭘 해야 할지 몰라 인터넷을 검색했더니, "더덕밥"이라는 영양밥이 있더라고요.
더덕 자투리로도 충분히 만들 수 있는 고급 영양밥입니다.

주재료 | 더덕 한 주먹, 쌀 2인분　**양념장** | 쪽파 1~2줄기, 다진 마늘 1티스푼, 통깨 1티스푼, 갈은 깨 1티스푼, 고춧가루 1티스푼, 양조간장 2스푼, 국간장 2스푼, 물 2스푼

2인분

1 더덕을 마늘 찧는 방망이 몸통으로 두드려 납작하게 만든 다음 손으로 잘게 찢는다.

2 씻은 쌀에 잘게 쪼갠 더덕을 반 정도 넣고 취사를 시작한다.

더덕 반은 밥과 함께 지어서 밥에 더덕 향을 묻히고요, 남은 더덕은 밥을 다 지은 후에 넣어서 씹는 맛을 살려주세요.

3 취사가 끝난 밥에 남은 더덕을 넣고 밥과 고루 섞어준 후, 뚜껑을 닫아 뜸을 들인다.

4 쪽파 1~2줄기, 다진 마늘 1티스푼, 통깨 1티스푼, 갈은 깨 1티스푼, 고춧가루 1티스푼, 양조간장 2스푼, 국간장 2스푼, 물 2스푼을 섞어 양념장을 만든다. 완성된 밥을 그릇에 담고 양념장을 올려 비벼 먹으면 끝.

더덕 향을 제대로 느끼려면 참기름은 생략하는 게 좋아요.

초보 한마디!

더덕 껍질 벗기던 날, 초보주부 요리생활 최고의 위기였던 것 같아요. 인터넷 검색을 해보면, 뜨거운 물에 살짝 데친 후 더덕에 세로로 칼집을 내서 껍질을 벗기면 쉽게 벗겨진다고 되어 있는데요. 더덕의 끈끈한 액이 조금씩 묻어나서 쉽게 껍질이 벗겨지지 않더라고요.
결국, 주방에서 발을 동동 구르는 마누라를 보다 못한 남편이 나서서 껍질을 벗겼었는데요. 왜 이렇게 어려운 건지 알아보니, 더덕은 시들면 시들수록 껍질이 딱 달라붙어서 잘 안 벗겨진다고 하더라고요.
그러니, 초보주부 여러분! 싱싱한 더덕을 사오면 즉시 껍질을 제거해 주세요! 물론, 제일 좋은 방법은 남편에게 맡기는 것이고요.^^

조리시간 30분

찬밥 및 남은 두부로 만드는 괜찮은 중국 요리
마파두부밥
009

워크숍으로 며칠 집을 비웠어요.
모처럼 저녁을 준비하려 하니 귀찮고, 그렇다고 사먹기도 싫고.
냉장고를 뒤지다 된장찌개 끓여먹고 남은 두부와 호박전을 해먹고 남은 두부소를 찾아냈어요!
남편 기다리면서, 찬밥과 두부로 근사하게 매콤한 저녁상을 차렸네요.

주재료 | 두부 1팩(재래시장 두부의 경우 1/2모), 갈은 소고기(혹은 돼지고기) 2스푼, 청양 홍고추 1개, 대파 1/2줄기, 양파 1/4개, 다진 마늘 1티스푼 **양념** | 두반장소스 1/2스푼, 미림(혹은 먹다 남은 소주, 청주) 2스푼, 고추기름, 굴소스, 녹말가루 2스푼, 물 1컵

2인분

1 두부 한 팩을 반은 깍둑썰기하고 반은 칼 면으로 으깬다. 대파는 어슷썰기하고 홍고추는 다져준다. 양파도 잘게 썬다.

으깬 두부 대신 먹다 남은 두부소를 이용해도 좋아요. ('039 버섯전골' 참고)

2 팬에 고추기름을 듬뿍 두르고 다진 마늘, 갈은 소고기, 홍고추, 양파를 넣고 볶다가 소고기가 반쯤 익으면 으깬 두부를 넣고 볶는다.

두부가 기름을 쭉 흡수하기 때문에 평소 야채 볶을 때보다 많은 기름을 둘러주셔야 타지 않아요.

3 볶은 재료에 두반장소스 1/2스푼, 미림 2스푼, 물 1컵을 넣고 끓인다. 보글보글 방울이 생기면 깍둑썰기한 두부와 대파를 넣고 섞는다.

4 다시 보글보글 방울이 생기면 물에 갠 녹말가루를 넣어 점도를 조절한다. 마지막으로 굴소스로 간을 한다.

초보 한마디!

고추기름과 청양 홍고추 때문에 맛이 맵답니다. 매운 음식을 못 드시는 분들은 청양 홍고추 대신 일반 홍고추를 사용하시고, 고추기름 대신 식용유를 사용해 주세요. 단, 식용유만 쓰면 완성했을 때 색이 너무 하얗게 보이니까, 고추기름을 아예 안 쓰는 것보다는 고추기름과 식용유를 반씩 섞어주면 좋아요.

조리시간
10분

퇴근하고 10분이면 만들 수 있는 초간단 일식 덮밥

팽이버섯 덮밥

010

회사 일로 집안일로, 신경 쓰는 일들이 많은 날!
주방에 서서 요리할 여유도 없을 만큼 마음이 어수선한 날!
딱 10분이면 맛도 영양도 일품인 일본식 덮밥을 만들 수 있다면?!
자! 지금부터 규동보다 맛있는 팽이버섯 덮밥을 만들 수 있다면?!

주재료 | 팽이버섯 1봉지, 달걀 노른자 1개, 대파, 겨자
양념 | 미림(혹은 먹다 남은 소주나 청주) 3스푼, 진간장 2스푼, 설탕 1스푼, 물 1스푼

1 팽이버섯은 먹기 좋은 길이로 썰고, 대파는 5조각 정도 얇게 어슷썰기한다. 달걀은 노른자를 터트리지 않고 흰자와 분리해 둔다.

2 팬을 센 불에 올리고 미림 3스푼을 넣어 알코올을 휘발시킨다.

3 불을 약하게 줄이고 진간장 2스푼, 설탕 1스푼, 물 1스푼을 넣고 주걱으로 저어가며 조려준다.

4 설탕이 녹으면 팽이버섯을 넣고 주걱으로 한두 번 뒤적거린 후, 팬의 불을 끈다. 갓 지은 밥 위에 조린 팽이버섯을 올리고, 그 위에 달걀 노른자와 썰어 놓은 대파를 올려준 후 그릇 한쪽 끝에 겨자를 살짝 묻혀준다.

> 팽이버섯은 열을 오래 가하면, 수분이 다 빠져서 식감이 흐물거리니까 팬에 넣고 바로 불을 끄는 것이 좋아요.

초보 한마디!

덮밥에는 달걀 노른자만 쓰기 때문에 흰자가 남게 되는데요. 버리면 아까우니까, 밥에 팽이버섯 올리고 남은 양념에 달걀 흰자를 넣고 스크램블 만들 듯 젓가락으로 휘적휘적 저어가며 익혀주세요. 익은 달걀 흰자는 그릇에 담고 겨자를 살짝 뿌려 먹으면 '독특한' 반찬이 된답니다.

조리시간 40분

냉장고에서 하루 묵은 카레의 재발견

카레라이스 01

회사 일이 많아서 귀가 시간이 점점 늦어지고 있는 마누라 덕분에, 라면으로 저녁을 해결하는 남편! 프로젝트가 끝나려면 일주일은 남았는데, 더는 안 되겠다 싶어 카레라이스를 만들었어요. 카레는 만들기도 쉽고, 보관도 쉽고, 특히 냉장고에서 꺼내 데우지 않고 바로 먹을 수 있는 맞벌이 부부를 위해 태어난 음식이랍니다.

주재료 | 돼지고기 목살 1/2근, 감자 2개, 양파 2개, 당근 1개, 마가린 2스푼, 카레가루 4인분(1봉지)

4인분

1 모든 재료는 먹기 좋은 크기로 깍둑 썰기 한다.

건더기가 많은 카레가 싫다면, 재료의 양을 줄이면 돼요~

2 카레가루를 물에 개어준다.

약간 된 죽과 같이, "되게" 개어주세요.

3 냄비에 마가린 2스푼을 넣고 돼지고 기를 볶는다.

4 돼지고기 겉이 살짝 익은 것 같으면, 감자와 당근을 넣고 볶다가 양파를 추가해 볶는다.

5 양파가 투명해지면, 냄비에 담긴 재 료의 양만큼 물을 붓고 뚜껑을 닫은 후 푹 끓인다.

6 20분쯤 끓이다 뚜껑을 열고 개어놓 은 카레가루를 넣고 주걱으로 저어 준다. 5분 정도 더 끓여주면 끝.

초보 한마디!

인기 만화책 《심야식당》을 보면 '어제의 카레'라는 제목의 에피소드가 있는데요. 실제로 남은 카레를 냉장고에 보관했다가 갓 지은 밥에 얹어서 먹어 보면, 왜 그런 말이 나왔나 알 수 있을 거예요. 카레는 역시 어제의 카레.

조리시간
1시간 30분

'부처님 오신 날' 먹어봤던 사찰 비빔밥 흉내 내기
산채비빔밥
012

지난주 내내 회사에서도, 집에서도, 힘든 일이 한가득 있었답니다. 우울한 마음에 침대에 누워 천장만 바라보다, "어렵고 힘든 일은 깨달음을 준다"는 혜민 스님의 말을 떠올리며 산채비빔밥을 준비하기로 했어요. 힘든데 왠 요리냐고 생각하는 분들도 계시겠지만, 요리에 집중하다 보면 마음이 평온해지는 것을 느낄 수 있을 거예요.

주재료 | 취나물무침, 미나리무침, 콩나물무침, 무생채, 다시마튀각(혹은 김자반이나 김가루), 고추장

2인분

1 미나리무침을 만든다(045장 참고).

2 콩나물무침을 만든다(046장 참고).

3 무생채를 만든다(047장 참고).

4 취나물무침을 만든다(048장 참고).

5 다시마튀각(김자반 또는 김가루)을 준비한다.

다시마튀각은 재래시장에 가면 쉽게 구할 수 있어요.

6 접시에 준비한 나물과 다시마튀각을 담아 상차림을 하거나, 그릇에 밥을 담고 그 위에 준비한 재료와 고추장을 얹어 낸다.

밥을 비빌 때, 콩나물무침과 무생채 국물을 한 스푼씩 넣고 비비면 더 맛있어요.

초보 한마디!

사찰 음식에는 파, 마늘 등 양념이 들어가지 않는다고 하는데요. 밑반찬으로 먹으려 준비하다 보니 양념이 모두 들어갔네요. 그래도! 참기름을 넣지 않고 깔끔하게 먹었으니, 반 정도는 산채비빔밥이라고 할 수 있겠죠?

조리시간 30분

춘장만 있으면 손쉽게 만들 수 있는 중국 요리
자장밥
013

프로젝트가 끝나자마자 다음 프로젝트에 연이어 투입됐어요. 지난번 프로젝트 내내 라면으로 저녁을 해결하던 남편이 생각나서, 야근이 시작되기 전에 자장을 준비했어요. 냄비 한가득 자장이 완성되는 걸 보더니 남편이 묻네요.
"또 혼자 밥 먹어야 하는 거야?"

주재료 | 돼지고기 목살 1/2근, 양파 2개, 당근 1/2개, 감자 1개, 양배추 1/4통, 춘장 2~3스푼, 전분가루 5스푼, 물 1컵, 식용유, (설탕 1스푼)

4인분

1 모든 재료는 먹기 좋은 크기로 깍둑 썰기 한다.

2 냄비에 식용유를 두르고 돼지고기를 볶다가 겉면이 살짝 익어가면, 야채를 전부 넣고 볶는다.

3 돼지고기와 야채가 반쯤 익으면 춘장을 2~3스푼 넣고 볶다가, 물을 재료가 자박자박할 만큼(1컵 정도) 넣어준다.

춘장은 제조사에 따라 짠맛의 정도가 다르니 간을 보면서 넣어주세요!

4 가장 약한 불로 줄이고 뚜껑을 닫고 10분쯤 익혀준 다음, 전분가루 풀어 놓은 물을 자장이 걸쭉해질 때까지 넣어준다.

뭔가 부족한 듯하다 싶으면 설탕을 1스푼 넣어주세요.

초보 한마디!

완성된 자장은 1인분 양을 담을 수 있는 작은 반찬그릇에 담아 냉장고에 보관했어요.
남편아! 마누라 없어도 혼자 찬밥 데워서 밥 먹어야 해! 라면은 안 돼!

조리시간 30분

홍합 맛이 깊숙이 밴 맛있는 밥
홍합밥
014

장기 출장을 마치고 서울로 복귀했지만, 계속된 송년회로
남편과 단둘이 저녁다운 저녁을 할 수 없었는데요!
모처럼 둘 다 퇴근 후 약속이 없길래, 출장지에서 선배님께 배운 "맛있는 밥"을 준비했어요.
단둘이 먹는 밥이라 그런지, "꿀맛"이네요.

주재료 | 깐 홍합 1/2근, 쌀 2인분, 김 2장 **양념장** | 쪽파 1~2줄기, 다진 마늘 1티스푼, 통깨 1티스푼, 갈은 깨 1티스푼, 고춧가루 1티스푼, 양조간장 2스푼, 국간장 2스푼, 물 2스푼

1 홍합을 흐르는 물에 씻은 후, 체에 받쳐 물기를 뺀다.

2 씻은 쌀을 밥솥에 넣고 그 위에 홍합을 올린다.

3 밥을 안친 후, 양념장을 준비한다. 쪽파 1~2줄기 정도를 잘게 썰고, 다진 마늘 1티스푼, 통깨 1티스푼, 갈은 깨 1티스푼, 고춧가루 1티스푼, 양조간장 2스푼, 국간장 2스푼, 물 2스푼을 넣고 섞어준다.

4 마지막으로 불에 김 2장을 바삭하게 굽고, 먹기 좋게 썬다. 완성된 밥을 양념장에 비벼, 구운 김에 싸서 먹는다.

초보 한마디!

홍합밥을 보고 이런 영양밥은 처음 봤다는 분들도 많으신데요.
홍합뿐만 아니라 굴, 조갯살, 꼬막살 등 다양한 조개류로 영양밥을 만들 수 있어요.
쌀을 씻어 그 위에 얹어서 밥을 하면, 각각의 고유한 맛을 밥 깊숙이 느낄 수 있답니다.

조리시간 15분

15분이면 먹을 수 있는 초간단 해장국
북엇국 015

얼마 전, 식당에서 사먹은 진한 국물의 황태해장국! 그 맛에 자극을 받아 황태해장국에 도전했어요.
진한 국물을 위해서는 품질 좋은 황태를 반나절 이상 푹 고아서 만들어야 한다는데,
집에 있는 것은 북어채뿐이네요.
덕분에 저는 15분만에 해장국을 만들었어요. 이것이 초보주부의 경쟁력?!

주재료 | 북어채 두 주먹, 무 1/4개, 달걀 1~2개, 쪽파 2줄기, 마늘 3~4톨
양념 | 참기름 2스푼, 국간장 1~2스푼

1 쪽파는 잘게 썰고 마늘은 얇게 저미고, 무는 나박 썬다.

2 북어채는 먹기 좋은 크기로 잘라 물에 한 번 씻어준 다음 체에 받쳐 물기를 뺀다. 물기 뺀 북어채에 국간장 1스푼을 넣고 조물조물 무친다.

3 냄비에 참기름 2스푼을 두르고 마늘을 볶는다. 참기름에 마늘 향이 묻어날 쯤 무를 넣고 볶는다.

4 무가 반쯤 익으면, 북어채를 넣고 살짝 볶다가 물을 붓는다.

5 뚜껑을 닫고 끓이다 무가 다 익으면, 쪽파와 풀어 놓은 달걀물을 넣고 휘휘 젓는다. 달걀이 다 익으면 요리 끝.

초보 한마디!

설악산에 놀러 갔다가 황태덕장에서 황태포를 샀는데요. 원산지가 러시아인 거예요.
덕장에 걸린 황태는 무엇인가 싶어서, 주인 아주머니께 여주어 봤더니 황태는 러시아에서 잡아서 우리나라 동해 바닷바람에 말리는 거라네요. 그래서 살 때 '생산지'가 어디인가를 봐야 한대요.

조리시간 50분

남편 생일 맞이, 손쉽게 미역국 끓이기
조개 미역국
016

내일은 남편 생일이에요. 결혼하고 첫 생일이라 아침부터 상다리 부러지게 차려주고 싶지만, 퇴근하고 돌아와 성대한 생일상을 준비하는 것은 불가능! 그래도 생일 아침 미역국은 꼭 차려주고 싶어서, 간단하게 조개 미역국을 선택했어요.

주재료 | 마른 미역 두 주먹, 관자(혹은 대합) 1마리
양념 | 참기름 1~2스푼, 국간장 2~3스푼

2인분

1 마른 미역 두 주먹 정도를 물에 담가 불린다.

> 마른 미역을 물에 담그면 3~4배 정도로 불으니까 양을 가늠해서 준비해 주세요.

2 30분 정도 물에 불린 미역은 흐르는 물에 4~5번 정도 비벼서 헹궈준 다음, 물기를 꼭 짜서 먹기 좋은 크기로 썬다.

> 생일 미역은 칼이나 가위로 자르면 안 되고, 손으로 끊어주는 거래요.

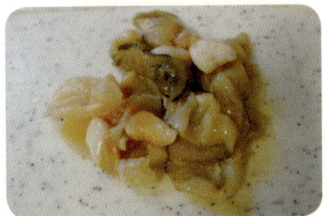

3 조개를 물에 한 번 씻은 후, 잘게 썬다.

4 냄비에 참기름 1스푼을 넣고 조개를 볶는다. 사진처럼 뽀얀 국물이 올라오면 물을 붓는다.

5 조개와 물이 끓으면서 거품이 올라오면, 모두 걷어낸다.

6 미역을 넣고 펄펄 끓이다가 국간장으로 간을 하고, 10분쯤 더 끓이면 끝.

초보 한마디!

신혼여행을 마치고 돌아온 저희 부부 손을 잡고 아빠가 말씀하셨죠. 결혼하기 전처럼 아침 먹고 출근하기는 어렵겠지만, 적어도 남편 생일날 아침은 아내가, 아내의 생일날 아침은 남편이 챙겨보라고. 사랑하는 배우자가 태어난 날 아침을 손수 차려주는 것이 얼마나 행복한 일인 줄 알게 될 거라고. 아빠, 감사드려요. 또 다른 행복을 알게 됐어요. —큰딸 올림.

조리시간 30분

단돈 5천 원이면 4인분 국이 뚝딱!

홍합국
017

고기를 못 드시는 외할머니와의 저녁식사. 무얼 해드려야 하나 고민하다 시장에 갔는데요. 홍합이 눈에 들어오더라고요. 깐 홍합을 달라는 제게, 생선가게 아저씨가 홍합 망을 들어 보이며 손질이 쉬울뿐더러 깐 홍합보다 가격이 배는 싸다는 거예요. 귀가 얇은 저는 냉큼 홍합 두 망을 집어 들었지요.

주재료 | 홍합 2망, 다진 마늘 1/2스푼, 대파 1줄기, 홍고추 1개, 두부 1/2모, 소금

4인분

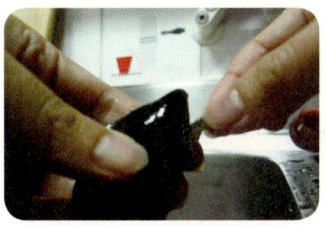

1 홍합 해캄은 홍합 입 쪽에서 꼭지 쪽으로 잡아당겨 뜯어낸다. 홍합 껍질에 있는 해캄은 다른 홍합의 입 부분 껍질로 긁어준다.

홍합 입 부분은 끝이 날카로우니 손 조심하세요.

2 다듬은 홍합을 냄비에 넣고 홍합이 잠길 만큼 물을 붓고 끓인다. 홍합 입이 벌어지기 시작하면 불을 끈다.

3 익은 홍합을 그릇에 옮겨 담아 식힌 후, 2/3정도는 껍질을 깐다.

국에 홍합 살만 있으면 밋밋한 듯해서 조금 남겨놨어요.

4 냄비에 있는 육수를 다른 냄비에 옮긴다. 밑바닥에 찌꺼기가 남아 있으니 흔들지 말고 조심스럽게 붓는다. 새 냄비로 옮긴 육수에 건져 놓은 홍합과 다진 마늘 1/2스푼을 넣고 끓이다 거품이 올라오면 걷어낸다.

5 두부는 두툼하게 먹기 좋은 크기로 썰고, 파와 홍고추는 어슷썬다.

6 파와 홍고추, 두부를 넣고 한소끔 끓인다. 싱거우면 소금으로 간을 한다.

홍합 삶고 오래 삶으면 질겨지니까, 파와 고추가 익으면 바로 불을 꺼주세요.

조리시간 1시간

초겨울 가장 저렴한 식재료로 만든 구수한

배춧국
018

아직은 초보주부지만! 겨울에 마트에 가면 가장 싸게 파는 것이 "배추"인 것 같아요. 이렇게 말씀 드리면, "김장할 때 배춧값이 얼마나 비싼데 세상물정 모르는군"이라고 하실 텐데요. 김장용 배추 말고, 얼갈이배추나 김장하기엔 작은 배추는 참 싼 것 같아요. 때마침 마트에 갔더니 "배추 반 포기 500원" 한정판매를 하길래 냉큼 달려가서 하나 잡았어요.

주재료 | 작은 배추 1/2포기, 쌀뜨물 3~4컵, 멸치육수 1봉지, 소고기 한 주먹, 청양고추 1/2개, 대파 1줄기, 된장 1.5스푼

2인분

1 쌀뜨물에 멸치육수 1봉지를 넣고 끓인다. (멸치육수 만드는 법, 부록 '03 멸치육수 만들기' 참고.)

쌀뜨물은 쌀을 물에 헹궈 첫 번째 물은 버리고 두 번째 물부터 쓰세요.

2 육수가 끓으면 소고기를 넣고 10분 쯤 푹 끓인다. 이때, 거품이 올라오면 걷어낸다.

소고기 대신 새우를 넣어도 좋아요.

3 된장 1.5스푼을 풀고, 청양고추는 얇게 저며서, 배추는 먹기 좋은 크기로 썰어 넣는다.

된장은 간이 맞을 만큼 넣어주세요.

4 배추가 흐물흐물할 때까지 30분 정도 푹 끓인 후, 어슷썬 대파를 넣고 파가 익을 때까지 끓인다.

초보 한마디!

사온 배추 양이 많거나 배추를 사왔으나 요리를 할 수 없는 경우에는, 배추를 물에 씻지 않고 사왔던 상태 그대로 신문지에 말아 냉장고에 넣어두면 보름 이상 보관해도 거뜬하답니다.

조리시간 30분

깔끔하게 어묵만 넣고 끓인
어묵국
019

남편은 유부주머니, 곤약 등을 넣은 다채로운 어묵국보다 깔끔하게 어묵만 넣고 끓인 시어머님 스타일의 어묵국을 좋아합니다.
오늘은 결혼해서 시어머님께 배운 대로 어묵국을 끓여 봤습니다.
남편아! 마누라 손맛도 이제 어머님 손맛 같지?

주재료 | 어묵 1/2봉지, 대파 1줄기, 청양고추 1/2개, 멸치 반 주먹, 무 1/2개, 진간장

2인분

1 물에 멸치 반 주먹, 무 1/2개를 4등분 해서 넣고, 중불에서 30분 정도 푹 끓인다.

2 육수에 대파를 새끼손가락 길이로 썰어 넣는다. 이때, 얼큰하게 먹고 싶다면 청양고추 1/2개를 썰어 넣어주면 좋다.

무와 멸치는 육수를 만들기 위해 넣은 것이니, 건져서 버려도 돼요.

3 어묵을 먹기 좋은 크기로 썰어 넣고 끓인다.

4 마지막으로 진간장으로 간을 하고 한소끔 끓이면 끝.

초보 한마디!

시어머님 말씀으로는 어묵탕에 들어가는 어묵은 칼로 가지런히 썰어주기보다는 가위를 이용해 손 가는 대로 썰어주는 게 더 맛있어 보인대요.
말씀을 듣고 나서 그런지, 진짜로 가위로 쑹덩쑹덩 잘라줬을 때가 더 맛있더라고요.

조리시간
20분

향긋한 봄 내음 전하는
쑥국
020

지난 주말, 시아버님을 따라 주말농장에 놀러 갔었는데요. 밭고랑 사이사이로 쑥이 쏙쏙 올라와 있는 거예요. 처음에는 신기해서 구경만 하다가, 하나둘 쑥을 캤는데 두 시간 만에 봉지를 반이나 채웠더라고요. 남편이 쑥의 씨를 말린 것 아니냐며 놀렸지만, 덕분에 오늘 저녁 쑥국을 맛보네요.

주재료 | 쑥 한 주먹 반, 쌀뜨물 3~4컵, 멸치육수 1봉지, 된장 1.5스푼

2인분

1 쌀뜨물에 멸치육수 1봉지를 넣고 끓인다.

2 된장을 풀고 팔팔 끓인다.

> 칼칼한 쑥국을 먹고 싶으면 청양고추 1개를 넣어도 되는데요, 저는 부드럽고 구수한 게 좋아서 생략했어요.

3 된장이 끓는 동안 쑥을 다듬어 물에 씻는다.

> 봄 쑥은 연하기 때문에 흐르는 물에 살살 헹궈주기만 해도 돼요.

4 끓는 육수에 쑥을 넣고 5분 정도 살짝 끓인 후 불을 끄고 뜸을 들인다.

> 쑥은 오래 끓이면 질겨지니까요, 오래 끓이지 마세요!

초보 한마디!

쑥을 오래 끓이면 질겨진다 하고, 살짝 끓이자니 안 익은 것 같고 고민이 많으시죠? 쑥이 익는 마침한 때를 알려드릴게요. 쑥을 끓는 육수에 넣으면 카키색이 짙은 녹색으로 바뀔 거예요. 한 5분 끓이면, 짙은 녹색이 숨이 죽어서 열어지는데요. 그때 바로 불을 끄면 됩니다.

조리시간 30분

고소함이 묻어나는 봄 향기를 맛보다
콩가루 냉이된장국
021

엄마가 시골 외삼촌댁에 갔다가 냉이를 잔뜩 캐오셨다며, 냉이를 주셨는데요. 그냥 줘봤자 다듬어서 먹지도 못한다며, 깨끗이 씻어 데친 후 먹기 좋게 2인분씩 봉지에 담아 보내셨네요. 기념으로 한 봉지는 국으로 끓이고 나머지는 모두 냉동실로 직행!

주재료 | 냉이 두 주먹, 멸치육수 1봉지, 대파 1줄기, 청양고추 1/2개, 된장 1.5스푼, 콩가루 2스푼

1 멸치육수 1봉지와 물 3~4컵을 넣고 끓인다. 육수가 끓으면 얇게 썬 청양고추를 넣고 된장을 푼다.

멸치육수 1봉지는 밥공기 1개 분량이에요.

2 된장 풀은 육수가 끓는 사이 비닐봉지에 콩가루 2스푼과 데친 냉이를 넣고 아래위, 좌우로 흔든다.

냉이에 물기가 너무 많으면 콩가루가 덩어리 져서 못 쓰니 데친 냉이는 물기를 꼭 짠 후 넣어주세요.

3 끓는 육수에 어슷썬 대파와 콩가루 묻힌 냉이, 먹기 좋게 썬 두부를 넣고 뚜껑을 닫는다.

콩가루가 완전히 익기 전에 뚜껑을 열면, 비릿한 맛이 날 수 있으니 부글부글 소리가 들릴 때까지 뚜껑 열지 마세요.

4 부글부글 끓는 소리가 나면, 뚜껑을 열고 불을 끈다. 국자로 냄비를 휘저으면 냉이에 묻은 콩가루가 떨어지므로 휘젓지 말고 조심스럽게 뜬다.

초보 한마디!

엄마가 보내준 데친 냉이를 보니까, 봉지마다 자박할 만큼 물이 담겨 있더라고요. 확인해보니, 냉이를 데쳐서 냉동 보관할 때는 봉지에 냉이 데친 물을 섞어놔야 냉이에서 수분이 빠져나가지 않는데요.
또 한 가지! 남은 콩가루는 반드시 냉동 보관해야 한대요. 상온에 두면 얼마 지나지 않아 전내가 난다고 하네요.

조리시간 30분

홍합을 넣어 시원한 된장국 끓이기
시금치 된장국
022

요즘 집 앞 마트에선 시금치를 참 싸게 팝니다. 한 단이나 사다가 뭘 해먹을지 몰라, 매번 구경만 하다가 열무비빔밥에 곁들이면 좋겠다 싶어 장바구니에 담았습니다.
시금치를 먹었으니 남편도 뽀빠이처럼 튼튼해지겠죠? 도와줘요~ 남편!

주재료 | 시금치 1단, 홍합 1/2근, 부추 1/4단, 된장 1.5스푼

2인분

1 끓는 물에 깐 홍합 1/2근을 넣고 육수를 만든다. 홍합이 익으면, 홍합 알맹이는 건져낸다.

> 홍합을 오래 삶으면 홍합 살이 질겨지니 육수를 만들고 삶은 건져내세요.

2 홍합 육수에 된장을 푼다.

3 씻어 놓은 시금치를 넣고 끓인다.

4 국이 끓으면, 건져 놓은 홍합 살과 새끼손가락 길이로 썬 부추를 넣고 약한 불에서 10분 정도 끓인다.

초보 한마디!

시금치와 부추가 궁합이 잘 맞는지는 모르겠지만, 냉장고에 보관 중인 부추를 넣었는데요. 재첩국처럼 시원한 맛이 나더라고요. 다음에는 반대로, 재첩을 사다가 부추 시금치국을 끓여 봐야겠어요.

조리시간 30분

돈지루, 한국식으로 끓이기
돼지고기 야채된장국
023

결혼할 때, 후배가 선물한 일본 요리책. 간단한 요리가 많지만 가츠오부시와 미소, 맛술을 넣어야 하는 국 요리는 도전하기 어렵더라고요. 집에는 멸치와 엄마가 담근 토종 된장밖에 없을뿐더러, 국에 맛술을 넣으면 느끼할 것 같아서요. 꼭! 레시피대로 만들어야 맛인가 싶어, 한국식으로 만들어 봤습니다.

주재료 | 돼지고기(목살 혹은 삼겹살) 한 주먹, 각종 야채(당근, 양파, 감자, 가지, 버섯, 더덕, 쌈채소 등), 무, 청양고추 1/2개, 다진 마늘 1티스푼, 대파 1줄기, 된장 1.5스푼, 멸치육수 1봉지

2인분

1 당근, 양파, 감자, 가지, 버섯, 더덕, 쌈채소 등 냉장고에 남아 있는 자투리 야채를 꺼내 먹기 좋게 썬다. 무는 나박썰고, 대파와 청양고추는 어슷썰어 놓는다.

2 돼지고기를 물에 데쳐 기름기를 제거한다.

3 멸치육수에 된장을 풀고 물을 간에 맞게 넣은 후 각종 야채와 데친 돼지고기, 무, 청양고추, 다진 마늘을 넣고 10분 이상 끓인다.

4 마지막으로 어슷썬 대파를 넣고 한소끔 끓인 후 뚜껑을 닫고 뜸을 들인다.

초보 한마디!

돼지고기 야채 된장국, 일명 "돈지루"는 끓여서 바로 먹기보다는 다음 날 먹어야 더 맛있답니다. 끓이자마자 먹으면 돼지고기와 된장이 혼연일체가 되지 않은 맛이랄까요?

조리시간 10분

더운 여름에 먹기 좋은 초간단 냉국

김국
024

가만히 있어도 덥다는 남편은 주말만 되면 운동을 갔다가 땀을 뻘뻘 흘리며 돌아옵니다.
주말 오후라, 라면으로 점심을 때우고 싶은 마음이 굴뚝같지만! 헐떡거리며 냉장고에 머리를 박고
있는 남편의 모습이 안쓰러워 급히 냉국을 준비했어요.
남편 님아! 운동은 하되, 더위는 먹지 마세요~

주재료 | 김 2장, 쪽파 1줄기, 다진 마늘 1/2티스푼, 홍고추 1/2개, 통깨 1티스푼, 국간장 1스푼, 식초 1스푼

2인분

1 시원한 물에 국간장과 식초로 간을 하고 다진 쪽파, 마늘, 홍고추와 통깨를 넣고 섞는다.

> 좀 더 시원하게 먹으려면 간을 조금 짜게 하고, 얼음을 띄워 주세요. 얼음이 녹으면서 간이 맞아질 거예요.

2 불에 김을 앞뒤로 바삭하게 굽는다.

> 불에 김을 스치기만 해도 금세 타니까 재빠르게 구워주세요.

3 구운 김을 부셔서 냉국 국물에 넣고 숟가락으로 저어주면 끝!

> 김은 물에 들어가면 금세 풀어지니까, 먹기 직전에 넣어주세요.

초보 한마디!

김을 굽는 석쇠는 재래시장에 가면 4~5천 원에 구할 수 있어요. 석쇠가 없을 때는 김을 손으로 잡고 굽다가 데이기 일쑤였는데요. 석쇠를 구하고 나니 김 굽기도 쉽고, 김도 구겨지지 않고 평평하게 구워져서 좋더라고요. 석쇠 하나가 요리에 큰 도움을 주네요. ^^

조리시간 50분

으슬으슬 몸살이 올 때는 뜨끈한 국밥 한 그릇
콩나물 해장국
025

모처럼 회식을 해서 신이 난 남편. 술을 얼마만큼 마셨는지 모르겠으나, "술병"이 났습니다. 남편은 몸이 으슬으슬한 게 감기 기운이 있다고 하나, 제가 보기엔 영락없는 술병입니다. 느끼한 치즈 돈까스를 만들어 주고 싶었으나, 끙끙거리는 모습에 마음이 약해져 콩나물 해장국을 끓였습니다.

주재료 | 콩나물 한 주먹, 김치 조금(콩나물 반 정도), 북어채 한 주먹, 무, 대파, 다진 마늘 1/2티스푼, 청양고추 1/2개, 새우젓, 달걀 1개, 김가루

2인분

1 콩나물은 다듬어 놓고, 김치는 잘게 채썬다. 무는 나박썰고, 대파는 길쭉하게 자르고, 청양고추는 다져 놓는다.

2 뚝배기에 북어채와 무를 넣고 국물을 낸다.

말린 다시마를 1조각 넣어주면 국물이 더욱 시원해져요.

3 국물이 끓으면 김치를 넣고 그 위에 콩나물을 얹는다.

4 보글보글 끓으면 준비한 대파와 다진 마늘을 넣고 한소끔 끓인다.

5 새우젓으로 간을 한다. 새우젓이 없다면 소금으로 간을 한다.

6 마지막에 날달걀을 하나 깨서 넣어주고 김가루를 솔솔 뿌려주면 끝.

초보 한마디!

콩나물 요리 주의사항 아시죠? 콩나물은 뚜껑을 열고 조리했으면 익을 때까지 뚜껑을 열어둬야 하고요. 반대로 뚜껑을 닫고 요리했으면 익을 때까지 뚜껑을 닫은 채로 둬야 해요. 초보에게 쉬운 방법은 뚜껑을 열고 조리하는 것! 익지 않은 상태에서 뚜껑을 닫았다 열었다 하면, 콩나물 특유의 비린 맛이 나거든요.

조리시간 10분

여름철 부모님 생신을 위한 시원한 국
미역 냉국
026

무더운 여름날, 아빠 생신!
모처럼 분위기를 낼까 하고 양식을 준비했는데요. 특히 더운 여름에 뜨거운 국을 먹기도 힘들
스테이크와 소고기 미역국이 어울릴 것 같지도 않고, 것 같아서 미역 냉국을 준비했어요. 새콤해서 그런지 스테이크와 잘 어울린답니다.

주재료 | 마른 미역 한 주먹, 오이, 홍고추, 통깨, 물 2컵
양념 | 쪽파 1/2줄기, 다진 마늘 1티스푼, 국간장 2스푼, 식초 2스푼, 설탕 1/2티스푼

1 마른 미역 한 주먹을 30분 정도 물에 담가 불린다.

2 미역을 흐르는 물에 씻은 후, 물기를 꼭 짠다. 미역은 먹기 좋게 썰고, 오이는 가늘게 채썬다.

3 큰 그릇에 국간장 2스푼, 식초 2스푼, 다진 마늘 1티스푼을 넣고 섞는다. 살짝 맛을 봐서 쓴맛이 나면 설탕 1/2티스푼을 넣는다.

4 양념에 준비한 미역과 오이를 넣고 조물조물 버무린다. 양념이 배도록 1~2분 정도 둔다.

미역을 오래 주무르면 거품이 일어나니까는, 양념이 물도록 1~2번만 배무려주세요.

5 간을 보면서 물을 넣는다. 그릇에 냉국을 담고, 통깨를 뿌려준 후 어슷썬 홍고추를 올린다.

좀 더 시원하게 먹으려면 간을 조금 짜게 하고, 얼음을 띄워주세요.

초보 한마디!

집에서 직접 담근 국간장은 조금 씁쓸한 맛이 난다고 하는데요. 그럴 때는 설탕을 1/2티스푼 정도 넣어주세요. 갑자기 쓴 맛이 사라지는 걸 느낄 수 있을 거예요.

조리시간
2시간

삼계탕에 질린 남편을 위한 복날 보양식
초계탕
027

초보주부에게도 초복이 찾아왔습니다.
닭 요리 중 제일 쉽다는 삼계탕을 준비하고 싶었으나, 남편이 회사 구내식당에서 점심에 삼계탕을
먹었다고 하길래 색다르게 초계탕을 만들어 봤어요. 그런지 삼계탕보다 맛있더라고요.
보기 좋은 떡이 먹기도 좋다고, 알록달록 예뻐서 그런지

주재료 | 토종닭 1/2마리, 양파 1/4개, 붉은색 파프리카 1/2개, 오이 1/2개, 상추 5~6장, 적치(적양배추), 달걀 1개, 소면(혹은 메밀국수) 2인분 **양념** | 닭 삶은 물(닭, 양파 1/2개, 마늘 5톨, 대파 1줄기), 겨자 1/2스푼, 식초 2~3스푼, 다시가루 1티스푼, 소금

2인분

1 닭 1/2마리를 물에 헹궈 핏기를 뺀다.

닭을 냉장고에 넣을 때는 뚜껑을 닫아주세요. 뚜껑이 없으면 고기에서 수분이 빠져나가 딱딱해져요.

2 닭을 삶다가 거품을 걷어내고 양파, 대파, 마늘을 통째로 넣고 30분 이상 푹 삶는다. 익은 닭은 건져내 냉장고에 넣고, 육수는 소금과 다시가루로 간을 한 후 냉동실에서 살얼음이 생길 만큼 얼린다.

3 각종 야채는 가늘게 채썰고, 냉장고에서 차갑게 식힌 닭은 꺼내서 살을 발라 가늘게 찢어준다. 노란색 파프리카가 없다면, 달걀 1개를 풀어 지단을 부친 후 채썰어 준비한다.

4 소면(혹은 메밀국수) 2인분을 삶아서 찬물에 헹군 다음, 동그랗게 말아 그릇에 담는다.

5 냉동실에서 살얼음 낀 육수를 꺼내 식초, 겨자를 기호에 따라 넣는다.

육수와 동치미 국물을 2 : 1의 비율로 섞으면 더 맛있어요.

6 소면이 담긴 그릇에 육수를 반쯤 부어준 다음, 채썬 야채와 닭고기를 예쁘게 올리고 남은 육수를 부어준다.

야채와 고기를 모두 올린 다음 육수를 부으면 모양이 흐트러질 수 있으니, 육수를 반씩 나누어 부어주세요.

초보 한마디!

토종닭은 30분 이상 푹 삶아야 고기가 쫄깃하면서도 부드러워지지만, 삼계탕용 영계는 15분 이상 삶으면 고기가 부서진답니다. 닭고기의 종류에 따라 구분해서 삶아주세요.

조리시간
1시간 30분

국물이 시원한 경상도식 탕국
오징어탕국
028

몸살이 올 듯 몸이 으슬으슬해서, 시원한 국물 맛이 일품인 시어머님표 탕국을 끓였어요.
결혼해서 오징어탕국이라는 것을 처음 먹어 봤는데요. 오징어 하나만 넣고 만드는데도, 국물이 개
운하고 시원한 게 다양한 재료를 넣은 탕국보다 훨씬 맛있더라고요.
다만, 조리법은 무척 쉬운데 조리시간이 많이 걸린다는 단점이 살짝 있네요.

주재료 | 오징어 2마리, 무 1/4개, 두부 1/2모, 국간장

1 오징어 껍질을 벗겨 손질해 다리와 몸통으로 이등분만 한다.

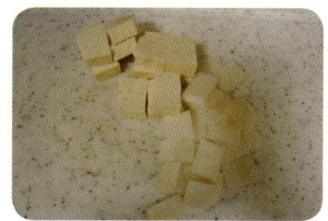

2 무는 나박썰고 두부는 도톰하게 썰어 놓는다.

3 냄비에 오징어를 넣고 오징어가 잠길 만큼 물을 붓는다. 오징어는 1시간 이상 푹 끓인다.

4 무와 두부를 넣고 국간장으로 간을 한 다음 무가 익을 때까지 끓인다.

초보 한마디!

오징어 껍질 벗기기는 참 어려운데요. 오징어 머리라고 불리는 삼각형 밑에 칼집을 내고 머리를 다리 쪽으로 쭉 당기면 껍질을 쉽게 벗길 수 있다고 합니다. 오징어 다리는 큰 그릇에 담고, 굵은 소금을 뿌려 비벼주면 되고요.
만약, 이렇게 했는데도 껍질이 벗겨지지 않아 화가 난다면 한치를 사면 좋아요. 한치는 누구나 쉽게 껍질을 벗길 수 있거든요. 단, 비싸다는 단점이 있지만요.^^

조리시간 30분

여름철 별미 된장찌개 맛있게 끓이기
가지 된장찌개
029

모처럼 일찍 퇴근한 기념으로 남편이 제일 좋아하는 된장찌개를 끓이기로 했어요. 그런데, 이런! 그동안 바쁘다는 핑계로 장을 보지 않은 탓에 냉장고에 새우, 냉이, 우거지, 버섯 등 된장찌개 재료가 하나도 없는 거예요. 할 수 없이, 된장찌개를 포기하려는 순간 눈에 띈 가지! 가지를 주재료로 된장찌개를 끓였어요.

주재료 | 가지 1/2개, 양파 1/4개, 무, 감자 1/2개, 청양고추 1개, 쪽파 1줄기, 깍두기, 멸치육수 1봉지, 된장 1스푼

1 가지에서 단맛이 나오므로 양파와 무는 기본 된장찌개보다 적게, 감자와 가지는 비슷한 양으로 준비한다. 모든 재료는 나박썰기하듯 먹기 좋은 크기로 썬다.

2 뚝배기에 멸치육수 1봉지와 물 1컵을 넣고 끓인다.

3 육수가 끓으면 된장 1스푼을 풀어주면서 간을 한다. 간이 맞으면 양파, 무, 감자, 청양고추와 깍두기 2~3조각을 넣고 끓인다.

4 감자가 익을 쯤, 가지를 넣고 끓이다 가지가 익어가면 마지막으로 파를 넣고 한소끔 끓인다.

초보 한마디!

집에 너무 익어서 반찬으로 먹기에는 별로인 깍두기가 있으면 남겨놨다가 된장찌개 끓일 때 2~3조각씩 넣으면 좋아요. 푹 익은 깍두기를 넣으면 무의 시원한 맛과 깍두기에 묻은 양념 맛 때문에 무와 마늘을 별도로 넣지 않아도 된답니다.

조리시간 30분

형님에게 배운 마산식 된장찌개
묵은지 된장찌개
030

설에 마산 큰집에 내려갔더니, 큰형님이 묵은지로 된장찌개를 끓여 주시더라고요.
남편이 어찌나 좋아하던지, 뚝배기에 거의 머리를 파묻을 지경이더군요.
그게 바로 고향의 맛인가 싶어서 오늘은 특별히 "남편을 위해" 묵은지 된장찌개를 준비했습니다.

주재료 | 묵은지 1/2포기, 멸치육수 1봉지, 대하 2마리(혹은 소고기 조금), 쪽파 1줄기, 청양고추 1개, 느타리버섯, 두부, 된장 1/2스푼

 2인분

1 뚝배기에 멸치육수 1봉지와 물 1컵을 넣고 된장을 풀어준다.

> 묵은지에서 짠맛이 나므로, 평소 된장찌개보다 된장을 적게 넣어주세요.

2 육수가 끓는 동안 묵은지를 물에 씻는다. 묵은지의 짠맛을 빼기 위해 물에 조금 담가 놓아도 좋다.

3 묵은지를 길쭉하게 썬다. (김장 김치를 쭉 찢어서 먹듯이.)

4 뚝배기에 묵은지를 넣고 10분 이상 푹 끓인다.

5 묵은지가 익은 듯하면, 기호에 따라 대하 혹은 소고기를 넣고 끓인다.

6 청양 홍고추, 쪽파를 넣고 끓이다. 취향에 따라 두부를 넣고 한소끔 더 끓인다.

초보 한마디!

묵은지는 흐물흐물할수록 맛있으니 푹 끓여주세요. 형님 말씀으로는 대하나 소고기를 넣지 않고 멸치육수만으로 끓이면 한결 더 깔끔한 맛이 난다고 하네요. 느끼한 음식을 많이 먹게 되는 명절날 멸치육수만으로 맛을 낸 묵은지 된장찌개는 어떠세요?

조리시간 20분

봄 소식 전하는 달래 향이 가득한
달래 된장찌개
031

퇴근길, 마트에 들렀더니 봄 소식을 가장 먼저 알려주는 달래 한 봉지를 천 원에 팔고 있더라고요. 가격이 저렴하다는 이유로, 남편에게도 봄 소식을 알려주겠다는 이유로 한 봉지를 사와 된장찌개를 끓였습니다. 집 안 가득 봄 내음이 물씬 묻어나네요.
남편아! 달래 먹고 봄 타지 마요. 여자도 아니면서~

주재료 | 달래 1봉지, 무, 감자 1/2개, 양파 1/4개, 표고버섯 3개, 청양고추 1개, 쪽파 1줄기, 깍두기, 멸치육수 1봉지, 된장 1스푼

2인분

1 무, 감자, 양파, 표고버섯 등 야채는 나박썰기하듯 먹기 좋은 크기로 썬다.

2 멸치육수 1봉지에 물 1컵을 넣고 끓이다 된장을 풀어 간을 한다.

3 다음으로 무, 감자, 양파, 표고버섯, 청양고추와 깍두기 2~3조각을 넣고 끓인다.

4 보글보글 끓으면, 쪽파와 달래를 얹고 달래가 익을 때까지 2~3분 더 끓인다.

> 찌개에 달래를 넣고 휘저으면 달래가 실타래처럼 엉키니, 도톰하게 말아 찌개 윗면에 올려주세요.

초보 한마디!

남은 달래로 무얼 해야 하나 고민했더니, 무밥이나 콩나물밥을 비벼먹는 양념장에 달래를 잘게 썰어서 넣으면 된다고 하네요. 달래를 넣은 양념장은 굳이 무밥 같은 영양밥이 아니더라도 갓 지은 따끈한 밥과 비벼 먹으면 좋대요. 가을무와 봄 달래의 만남이 될까요?!

조리시간 15분

참치 김치찌개, 칼칼하면서도 담백하게 끓이기!
참치 김치찌개
032

야근을 한다는 남편 말에 혼자서 우유에 시리얼을 먹고 있는데, 남편이 갑자기 전화를 걸어와 본
부장님이 퇴근해서 자신도 부리나케 퇴근을 하고 있답니다. 아! 기쁘지만 난감한 상황!
어떡하지를 중얼거리며, 일단 냉동실에 얼려 놓은 밥을 전자레인지에 데우고 최고로 간단한 찌개
중 하나인 참치 김치찌개를 만들기 시작했습니다.

주재료 | 익은 김치 1/2포기(한 주먹 정도), 김치국물 1국자, 양파 1/2개, 대파 1/2줄기, 청양고추 1개, 참치 통조림 1캔

2인분

1 냄비에 잘 익은 김치를 넣고 볶는다.

느끼해질 수 있으니, 기름을 넣지 않고 그냥 볶아주세요.

2 김치 표면이 익으면, 김치국물 1국자를 넣고 끓인다.

3 국물이 보글보글 끓으면 물을 넣어 간을 맞추고, 굵게 채썬 양파와 어슷썬 대파와 청양고추를 넣는다.

4 양파가 익어가면, 참치를 넣고 뚜껑을 닫아 한소끔 끓인다.

초보 한마디!

김치찌개 반찬으로 기름에 구운 김을 내면 좋아요. 유명 김치찌개 전문점에 가보면, 김치찌개 비벼 먹을 때 넣으라고 구운 김가루를 주잖아요. 집에서도 김치찌개랑 구운 김을 먹으면 좋답니다. 구운 김을 부셔 넣고 비벼도 먹고! 밥에 김치찌개 얹은 다음 김에 싸서도 먹고! 김치찌개와 찰떡궁합은 역시 구운 김!

조리시간 50분

푹 익힌 흐물흐물한 묵은지와 꽁치의 조화
꽁치 김치찌개
033

찌개에 따끈한 정종 한잔을 하고 싶은 날!
냉동실에 보관 중인 어묵을 녹여 찌개를 끓이려니 시간이 많이 걸릴 것 같아 찬장 여기저기를
뒤져 꽁치 통조림을 발견했어요.
엄마가 끓여주던 생물 꽁치 김치찌개를 떠올리며 저녁 준비 시작!

주재료 | 꽁치 통조림 1캔, 묵은지 1/2포기, 양파 1/2개, 대파 1/2줄기, 청양고추 1개, 홍고추, 설탕 1스푼

2인분

1 묵은지를 길쭉하게 썰어 냄비 바닥에 깐다.

2 꽁치통조림 국물을 냄비에 넣은 후 끓인다.

3 보글보글 끓기 시작하면, 굵직하게 채썬 양파와 잘게 썬 청양고추를 넣고 물을 부어 간을 맞춘다.

4 통조림 꽁치를 가운데 가지런히 올리고, 길쭉하게 썬 대파와 어슷썬 홍고추를 올린다. 설탕 1스푼을 넣고 약한 불에서 30분 이상 푹 끓인다.

초보 한마디!

꽁치 김치찌개는 통조림으로 만드는 것보다 생물 꽁치로 만드는 것이 훨씬 맛있는데요. 단, 생물 꽁치를 이용할 경우 2시간 이상 푹 끓여야 꽁치의 잔가시를 그냥 먹을 수 있어요. 시간이 여유로운 날, 생물 꽁치로 김치찌개에 도전해 보세요.

남편이 제일 좋아하는 찌개

돼지고기 고추장찌개
034

조리시간 30분

결혼하고 두 번째 식사 시간에 선보인 메인 요리는 바로 돼지고기 고추장찌개!
메인 요리라고 하기엔 부끄러울 정도로 흔하고 간편한 찌개였지만,
남편이 지금까지도 제일 맛있었다고 말하는 요리랍니다.
앗! 어쩌면 뭘 해줘도 맛있었던 시기였는지도 모르겠네요. ^^;;

주재료 | 돼지고기 1/2근, 양파 1개, 감자 1/2개, 호박 1/2개, 당근 1/3개, 대파 1/2줄기, 다진 마늘 1티스푼, 청양고추 1개, 고추장 1스푼, 고춧가루 1티스푼, 후춧가루

2인분

1 돼지고기와 감자, 당근, 양파, 호박 등 달큰한 맛이 나는 야채를 준비해 먹기 좋은 크기로 썬다.

2 2인 기준 냄비에 물을 붓고, 고추장 1스푼과 고춧가루 1티스푼 넣고 풀어준다.

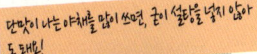

단맛이 나는 야채를 많이 쓰면, 굳이 설탕을 넣지 않아도 돼요!

3 다진 마늘과 잘게 썬 청양고추를 넣고 끓인다.

매콤한 맛이 싫다면, 청양고추는 넣지 마세요.

4 냄비에 돼지고기와 감자, 당근을 넣고 끓인다.

5 찌개가 부글부글 끓으면, 호박과 양파를 넣고 물컹할 만큼 푹 끓인다.

6 마지막으로 어슷썬 대파를 올리고, 후춧가루를 살짝 뿌려준 다음 한소끔 끓이면 끝.

초보 한마디!

찌개를 끓이거나, 볶음을 할 때, 야채는 "익어야만 먹을 수 있는 것" 혹은 "오래 익혀야만 하는 것" 두 가지를 기준으로 넣어주세요. 예를 들면, 감자 → 당근 → 가지 → 양파 → 호박 → 파프리카 같은 순으로요.

조리시간 20분

스팸을 좋아하는 남편을 위한 국물 요리
부대찌개
035

일주일 내내 지방으로 출장을 갔다가, 마침내 상경! 전화기 너머 목소리만 듣던 남편과 마주앉아 저녁식사를 할 수 있다고 생각하자 마음이 콩닥콩닥 설레네요. 견우와 직녀가 만나는 기분으로, 남편이 제일 좋아하는 스팸과 제가 제일 좋아하는 비엔나 소시지를 넣어 부대찌개를 끓였어요.

주재료 | 각종 햄(스팸, 비엔나 소시지 등), 김치, 갈은 소고기(혹은 돼지고기) 2스푼, 만두 2개, 가래떡, 옥수수, 팽이버섯 1봉지, 대파 1/2줄기, 양파 1/4개, 멸치육수 1봉지, 라면 1봉지 **양념** | 고추장 1/2스푼, 고춧가루 1스푼, 후춧가루 1티스푼, 다진 마늘 1티스푼, 다진 청양고추 1/2개, 진간장 1/2스푼, 라면스프

2인분

1 각종 햄은 먹기 좋게, 대파와 양파는 길쭉하게, 김치는 채썬 다음, 갈은 소고기, 만두, 팽이버섯, 옥수수 등 준비한 재료와 함께 전골냄비에 가지런히 담는다.

2 양념장은 고춧가루와 고추장, 진간장을 2:1:1의 비율로 넣고 후춧가루, 다진 마늘, 청양고추를 취향에 따라 조금씩 넣어 만든다.

3 전골냄비에 양념장을 올리고 멸치육수를 재료가 2/3쯤 잠기도록 붓는다.

4 보글보글 끓으면, 가운데 라면을 넣고 라면스프를 넣어 간을 한다. 라면이 익으면 완성!

고추장만으로도 충분히 간이 되긴 했을 텐데도, 심심가 뭔가 부족한 맛이 나는 경우, 라면스프를 이용해 주세요.

초보 한마디!

부대찌개에는 스팸과 비엔나 소시지를 제외하고는 어떤 재료든 먹고 싶은 걸 넣으면 돼요. 저처럼 팽이버섯, 양파, 갈은 소고기, 만두, 옥수수를 넣어도 되고요. 콩나물, 마카로니, 통조림콩 등을 넣어도 맛있답니다. 다만, 한가지 팁을 드린다면 갈은 소고기나 돼지고기는 꼭 들어가야 맛있다는 사실~

조리시간 40분

외할머니가 가장 좋아하던 국물이 뽀얀

조기찌개
036

외할머니는 세상에서 생굴과 조기로 만든 반찬을 제일 좋아하셨어요. 덕분에 외할머니가 저희 집에 계시는 동안, 매끼 식사 때마다 맑은 조기찌개와 어리굴젓이 올라왔던 기억이 나네요. 오늘따라 검은깨죽에 조기를 올려서 식사를 하시던 외할머니 생각이 나서 조기찌개를 끓였어요.

주재료 | 조기 5마리, 무, 대파 1/2줄기, 다진 마늘 1/2스푼, 참기름 2스푼, 소금

2인분

1 칼을 조기 꼬리에서부터 머리 쪽으로 쓱쓱 빗겨 비늘을 벗기고, 가위를 이용해 지느러미를 잘라준다. 다음은 조기는 물에 씻어 둔다.

2 무를 얇게 저며 냄비 바닥에 깔고 그 위에 조기를 얹는다.

3 참기름 2스푼을 조기에 뿌려준다.

4 파, 마늘을 올리고 물을 조기가 잠길 만큼 넣고 30분간 푹 끓인다. 간을 봐서 싱거우면 소금으로 간을 맞춘다.

초보 한마디!

조기찌개는 굴비보다는 생조기로 만드는 것이 부드럽고 좋아요. 생조기는 굴비처럼 짭조름하게 간이 안 되어 있어서 조리하면 싱거운 거 아니냐는 분들도 계신데요. 생조기도 굴비처럼 "나름" 간을 해서 판다는 사실~
생선가게에서 조기를 살 때 아저씨가 소금을 뿌려줄지 물을 거예요. 그때 조기를 산 날 바로 먹을 거면 소금을 뿌려 달라고 하고, 보관했다가 나중에 먹을 거면 조금만 뿌려 달라고 하세요. 만약, 생각보다 조기에 소금간이 너무 많이 된 것 같으면 조리하기 전에 물에 담가서 소금기를 빼고 요리하는 게 좋고요.

조리시간 15분

외할머니께 배운 간단한 시골식 찌개

애호박 새우젓찌개
037

시외할머니 손에 자란 남편은 시골식 반찬을 먹을 때면, 외할머니가 해줘서 먹어 봤었다는 말을 종종 합니다. 오늘 우연히, 저희 외할머니가 가르쳐준 애호박 새우젓찌개를 만들었는데 남편이 보자마자 "외할머니가 해줬던 거다"라고 하는 거예요. 외할머니들은 서로 통하는 모양이에요.^^

주재료 | 애호박 1개, 새우젓 1~2티스푼

2인분

1 애호박을 굵직하게 채썬다.

2 뚝배기에 채썬 애호박을 넣고 새우젓 1스푼을 올린다. 뚝배기 밑바닥을 살짝 가릴 만큼 물을 아주 조금 넣고 뚜껑을 닫은 후 가장 약한 불에서 조리한다.

3 호박을 익히는 중간에 뚜껑을 열고 호박과 새우젓을 섞어준다. 맛을 봐서 싱거우면 새우젓을 추가로 넣는다.

4 뚜껑을 닫고 호박을 푹 익혀주면 끝!

초보 한마디!

저희 할머니는 평생을 시골에서 지내셔서 도시 할머니처럼 세련된 표현은 하실 줄 몰랐는데요. 밖에 나갔다 돌아오면, 제 손을 할머니의 두 손으로 꼭 감싸주셨어요. 그때는 그저 할머니가 하루 종일 심심하셨나 했었는데, 할머니 손을 더 이상 잡을 수 없게 되자 그게 바로 할머니만의 사랑 표현이었구나 싶더라고요.
할머니 손을 꼬옥 잡고 그대로 1분만 계셔 보세요.^^

조리시간 20분

으슬으슬 몸살 기운이 있을 때, 영양만점 두부로 원기회복!
맑은 두부전골
038

어제, 시댁에서 김장을 했는데요. 추운데 종일 찬물을 만져서 그런지, 남편도 저도 몸이 으슬으슬 한 게 몸살 기운이 돌더라고요. 푹~ 쉬고 나면 괜찮겠지 싶었는데, 저녁나절이 돼도 여전히 몸이 찌뿌둥하네요. 이러다가 내일 출근 못하지 싶어, 뜨끈한 두부전골을 끓여 밥 한 공기를 먹었어요. 기운아, 솟아라! 얍~

주재료 | 두부 1/2모, 양파 1/2개, 팽이버섯 1봉지, 멸치육수 1봉지, 새우젓 1~2스푼, 들기름(혹은 참기름) 1티스푼, 청양고추 1개, 대파, 홍고추

2인분

1 두부는 두툼하고 큼직하게 썰고, 양파는 굵직하게 채썬다. 썰어 놓은 두부 중 2조각 정도를 칼로 으깨준다.

2 냄비에 멸치육수 1봉지와 물을 담고, 잘게 썬 청양고추와 으깬 두부를 넣은 다음 새우젓으로 간을 하고 끓인다.

3 보글보글 끓으면, 굵게 채썬 양파를 넣고 그 위에 두부를 올린 후 들기름 1티스푼을 넣고 끓인다.

4 양파가 익으면 팽이버섯과 어슷썬 대파와 홍고추를 넣고 대파 숨이 죽을 만큼 살짝 끓인다.

초보 한마디!

목감기로 밥 먹기가 어려울 때, 순두부를 이용해 두부전골을 만들어 보세요.
순두부 특유의 부들부들한 식감으로 목 넘김도 좋을뿐더러, 뜨끈한 국물로 땀을 쭉~ 빼고 나면 몸이 한결 가벼워질 거예요.

조리시간 30분

해장에 좋은 담백한 전골 만들기

버섯전골
039

회식으로 만취가 돼버린 마누라. 맑고 부드러운 국물이 필요한데, 남편이 할 줄 아는 요리라고는 라면뿐. 남편이 끓여준 하얀 라면으로 해장을 시도했으나, 속이 더 안 좋아졌어요. 어쩔 수 없이 알코올이 흐르는 몸을 부여잡고 주방에 섰네요. 남편님아! 해장국 하나만 마스터하자!

주재료 | 각종 버섯(표고, 느타리, 새송이, 양송이, 팽이), 두부소를 넣은 호박 1/2개, 무, 대파, 다진 마늘 1티스푼, 청양고추 1개, 홍고추, 진간장 1/2스푼, 소금, 멸치육수 1봉지

두부소 재료 | 물기 뺀 두부, 양파, 당근, 호박, 참기름, 후춧가루, 소금

2인분

1 물기 뺀 두부에 양파, 당근, 호박 등 야채를 채썰어 두부 양만큼 준비한다. 참기름, 후춧가루, 소금으로 간을 한 다음 밀가루 반죽하듯 치댄다.

2 호박 가운데를 동그랗게 파고 두부소를 채워 넣는다.

호박 가운데를 페트병 뚜껑으로 눌러주면 구멍이 생겨요.

두부소 남은 것은 마파두부밥에 활용하세요. '009 마파두부밥' 참고

3 각종 버섯은 0.5cm 두께로 길쭉하게 썰고, 무는 나박썰고, 대파와 청양고추는 어슷썰어 준비한다.

4 냄비 바닥에 무를 깔고 그 위에 버섯을 종류별로 가지런히 올린 후 파, 마늘, 청양고추를 넣는다.

5 멸치육수를 버섯이 2/3쯤 잠길 만큼 넣고, 호박을 올린 후 뚜껑을 닫고 끓인다.

6 보글보글 끓으면, 호박이 반쯤 잠길 만큼 멸치육수를 붓고 진간장 1/2스푼으로 간을 한다. 싱거우면 소금으로 추가 간을 한 후, 한소끔 끓여준다.

멸치육수를 처음부터 재료 꼭대기까지 부으면, 끓으면서 재료가 흐트러져요. 가지런한 모습 그대로 요리하고 싶을 때는 육수를 반씩 나눠서 넣어주세요.

초보 한마디!

물기 뺀 두부가 필요할 때, 제일 간단한 방법은 재래시장에서 직접 만든 두부를 파는 가게에서 물기 뺀 두부를 사는 거고요. 팩에 담긴 두부를 살 경우엔, 뚜껑이 있는 작은 찬그릇에 키친타올을 깔고 두부를 넣은 후 다시 키친타올로 두부 위를 덮고(겨우 담힐 정도) 뚜껑을 닫아주세요. 그렇게 하고 반나절쯤 두면, 키친타올이 두부의 수분을 충분히 삼켜줄 거예요.

조리시간
15분

> 봄동과 유채잎(하루나)의 고소한 봄 내음!
> # 봄동 & 유채잎 겉절이
> 040

저는 김치를 안 좋아하는 대신 겉절이를 좋아합니다. 그런 제 입맛을 아신 시어머님이 유채잎을 보자 제 생각이 났다며 보내주셨어요. 시어머님 덕분에 모처럼 겉절이를 만들어 남편과 함께 양푼이째로 쓱쓱 비벼 먹었는데요. 숟가락 부딪치며 밥을 먹으니 부부 금슬도 쑥쑥 크는 것 같네요. 하하.

주재료 | 봄동 1/2포기, 유채잎 한 손 가득, 쪽파 2줄기
양념 | 고춧가루 1스푼, 다진 마늘 1/2스푼, 매실액 1스푼, 통깨, 멸치액젓 1/2스푼, 참기름 1/2스푼, 식초

1 봄동, 유채잎, 쪽파를 깨끗이 씻어 먹기 좋게 썰어준다.

2 양념을 준비한다. 고춧가루와 다진 마늘은 2:1비율로 매실액, 멸치액젓, 참기름, 통깨는 취향에 따라 넣는다. 만약, 담백하게 먹고 싶다면 멸치액젓과 참기름을 빼고 국간장만으로 간을 한다.

3 준비된 야채에 양념을 뿌리고 버무린다. 양념은 한꺼번에 다 넣지 말고, 간을 보면서 조금씩 넣는다. 새콤하게 먹고 싶으면 마지막에 식초를 조금 넣고 버무린다.

초보 한마디!

봄동, 왜갓, 얼갈이, 어린 열무 등 겉절이를 만들어 먹을 수 있는 야채가 많은데요. 겉절이를 할 때 주의할 점은 손으로 조물조물 하면 안되고 꼭 주걱이나 숟가락으로 살살 버무려야 한다는 거예요. 양념을 묻히면서 야채가 부러지면, 풀 내음도 강해지고 시든 것처럼 축 처질 수 있거든요.

조리시간 15분

한정식집 단골 메뉴 흉내 내기
들깨 참나물무침(참나물 샐러드)
041

얼마 전 남편과 일식집에서 코스요리를 먹는데, 에피타이저로 참나물무침이 나오더라고요. 새콤달콤 고소한 맛에 반해서 레시피를 물어봤는데 알려줄 수는 없다는 거예요. 어쩔 수 없이 그날의 맛을 떠올리며 "독학"으로 만들어 봤는데요. 남편말로는 신기하게도 맛이 똑같다고 하더라고요. 남편! 마누라는 진정 대장금인가 보오~

주재료 | 참나물 1봉지, 소고기 갈은 것 1~2스푼, 식용유
양념 | 들깨가루 1스푼, 식초 2~3스푼, 마요네즈 1스푼, 꿀(혹은 올리고당) 1/2스푼, 소금

2인분

1 참나물은 다듬어 물에 씻은 다음 체에 걸러 물기를 빼준다. 팬에 식용유 1~2방울을 뿌리고 소고기를 볶아준다.

2 들깨가루, 식초, 꿀, 마요네즈를 넣고 섞는다. 새콤한 게 좋으면, 물기가 생길 만큼 식초를 많이 넣는다. 기호에 따라 소금을 넣고 간을 한다.

3 소스가 담긴 그릇에 물기 뺀 참나물을 넣고 버무린 다음 볶은 소고기를 넣고 섞으면 끝.

소고기를 먼저 넣고 버무리면, 소고기가 소스를 전부 흡수해 버려요. 꼭, 참나물을 먼저 버무리세요.

초보 한마디!

멸치액젓으로 양념한 참나물 겉절이도 맛있지만, 개인적으로는 들깨로 버무린 참나물 샐러드가 좋더라고요. 특히 일식, 양식, 한식에도 모두 어울려서 반찬으로 먹어도 좋고, 삼겹살에 곁들여도 좋고, 집들이 요리로 내놔도 손색이 없는 다용도 샐러드예요.
한가지 팁을 드리면, 손님용으로 내갈 때는 큼직하고 화려한 접시에 담아보세요. 요리사 자격증이 있는 게 아니냐는 칭찬을 듣게 될 거에요.

조리시간 30분

더덕 향 온전히 살리기 프로젝트
더덕구이
042

오늘 소개할 요리는 밥도둑 "더덕구이"입니다.
어르신들 말씀에 더덕 맛을 알면 나이를 먹은 거라고 하던데, 제가 나이를 먹긴 먹었나 봅니다.^^;
갓 지은 뜨거운 밥에 더덕구이를 얹어 먹으니, 밥 한 공기 뚝딱 하는 건 시간문제더라고요.
결혼 후, 점점 돼지가 되어가는 남편에게 밥도둑을 소개해줘서 살짝 미안하네요.

주재료 | 더덕 10~15개, 식용유, 통깨
양념 | 고추장 1스푼, 고춧가루 1/2스푼, 매실액 1스푼, 다진 마늘 1/2스푼, 쪽파 1/2줄기, 물 1스푼

2인분

1 껍질을 벗긴 더덕을 마늘 찧는 방망이 끝으로 두드려 얇게 편다.

방망이 몸통으로 두드리면 더덕이 쉽게 으스러져요.

2 고추장과 매실액, 고춧가루를 2:2:1 비율로, 다진 쪽파와 다진 마늘을 고춧가루 양 정도로 넣고 섞는다. 고추장이 짜면 물을 1스푼 넣으면 좋다.

3 더덕에 양념이 배도록 구석구석 바른다.

4 팬에 식용유를 조금 두르고 앞뒤로 노릇하게 굽는다. 구운 더덕을 접시에 담고 통깨를 솔솔 뿌려준다.

더덕에 고추장 양념이 묻어 있어 쉽게 타니, 구울 때 팬에서 눈을 떼지 마세요!

초보 한마디!

더덕으로 할 수 있는 요리가 "더덕구이"뿐이라고 아시는 분들이 많으신데요. 더덕의 활용법은 무궁무진합니다. 더덕 자투리로 만드는 더덕밥, 닭 뱃속에 더덕을 넣고 끓이는 더덕 삼계탕, 더덕과 배를 푹 고아 만든 더덕 배즙 같은 요리도 맛있지만, 생더덕을 삼겹살과 함께 구워먹어도 맛있고요. 찬밥에 물 말아 생더덕을 고추장에 찍어 먹어도 맛있답니다. 밥도둑 더덕, 다양하게 활용해 보세요.

조리시간 30분

사찰음식 따라하기
들기름 호박전
043

요즘 고기를 넣지 않고, 간을 많이 하지 않은 담백한 사찰음식이 유행이잖아요.
그래서 저도 버섯전골 만들고 남은 두부소로 사찰음식처럼 담백한 호박전을 부쳐 봤어요.
사찰음식 먹고 몸과 마음 모두, 청명한 한 주를 시작해 보세요.

주재료 | 두부소, 호박 1개, 홍고추, 들기름
두부소 재료 | 물기 뺀 두부, 양파, 당근, 호박, 참기름, 후춧가루, 소금

1 물기 뺀 두부에 양파, 당근, 호박 등 야채를 다져 두부 양만큼 준비한다. 참기름, 후춧가루, 소금으로 간을 한 다음 밀가루 반죽하듯 치댄다.

2 호박은 1~1.5cm 두께 정도로 두껍게 썰고 야채 모양틀 뒷면 혹은 페트병 뚜껑을 이용해 가운데를 동그랗게 판다. 입맛에 따라 호박에 소금을 뿌려 간을 한다.

3 호박 가운데 구멍에 두부소를 꽉 채운다.

두부소에 새우를 섞거나, 두부소 대신 불고기를 채워도 맛있어요. 단, 새우와 불고기를 넣을 때는 호박에 밀가루를 묻히고 달걀물을 입힌 다음 구워야 속재료와 호박이 분리되지 않아요.

4 팬에 들기름을 두르고 호박을 부친다. 호박 윗면에 다진 홍고추를 올려 장식한 후 앞뒤로 노릇하게 굽는다.

초보 한마디!

초보주부를 위한 마법의 가루가 "라면 스프"라고 한다면, 마법의 기름은 "들기름" 같아요. 무밥 비벼먹는 양념장도 그렇고, 비빔밥에 올렸던 가지도 그렇고, 새우젓 넣은 두부전골도 그렇고, 고소하면서도 달짝지근한 김치볶음 등 들기름만 들어가면 새로운 맛이 탄생하는 것 같아요. 덕분에 결혼하고 참기름은 1병을 먹었는데 들기름은 2병째라는~

조리시간 20분

저렴하고 맛있는 여름 반찬
가지찜
044

여름철에는 가지가 천 원에 4~5개 할 만큼 저렴합니다. 여름이 바로 가지의 계절인 거죠!
제철음식으로 건강한 밥상을 차리는 걸 중요하게 생각하는 엄마를 둔 덕분에,
여름이면 거의 이틀이 멀다 하고 가지찜을 먹었던 것 같아요.
결혼하고 맞는 첫 여름! 엄마를 흉내 내며 가지찜을 준비했어요.

주재료 | 가지 2개
양념 | 국간장 1스푼, 갈은 깨 1스푼, 청양고추 1/2개, 홍고추 1/2개, 다진 마늘 1/2스푼, 쪽파 1줄기

2인분

1 가지 2개를 길쭉하게 4등분 해서 썬다.

2 냄비에 넣고 10분 정도 찐다. 젓가락으로 가지를 쿡 찍었을때 쏙 들어갈 만큼 푹 찐다.

3 가지를 찌는 동안 양념을 준비한다. 국간장 1스푼에 청양고추 1/2개, 홍고추 1/2개, 쪽파 1줄기를 잘게 썰고, 다진 마늘 1/2스푼과 갈은 깨 1스푼을 첨가한다.

4 양념에 찐 가지를 버무린다.

초보 한마디!

가지찜이 맛있다고 많이 만들어 두고 먹지는 마세요! 가지찜은 냉장고에 보관했다 먹으면 완전 꽝이거든요. 반드시 식사 직전에 갓 만들어 먹어야 한답니다. 만약 냉장 보관을 하고 싶다면, 양조간장으로 가지무침을 만들어주세요. (049 가지간장무침' 참고.)
그리고, 또 한가지 알려드릴 점! 가지꽃을 보신 적 있으세요? 가지는 꽃도 보라색이에요. 시댁 주말 농장에 심어진 야채들 중에 가지가 가장 예쁜 꽃을 피우는 것 같아요. 기회가 된다면, 화분에다 한 포기 심어보시면 어떨까요?

조리시간
20분

입맛 살려주는 초간단 반찬
미나리무침
045

오늘 소개할 반찬은 산채비빔밥을 위해 준비한 미나리나물입니다. 원래는 비빔밥에 넣을 만큼 조금만 만들려 했으나, 적게 만드는 게 더 어렵더라고요. 어쩔 수 없이 반찬으로도 먹을 수 있게 미나리 반 단을 모두 무쳤는데요. 하얀 접시에 담아냈더니 연둣빛이 식탁을 환하게 해주더라고요. 남편도 같은 기분이었는지, 미나리에서 싱그러운 맛이 난다고 하네요.

주재료 | 미나리 1/2단
양념 | 국간장 1스푼, 참기름 1스푼, 갈은 깨 1스푼, 다진 마늘 1/2스푼, 쪽파 1/2줄기

2인분

1 미나리는 줄기만 남기고 잎을 제거한 후, 깨끗이 씻는다. 끓는 물에 미나리를 넣고 살짝 데친 후, 재빨리 찬물에 헹군다.

2 물에 헹군 미나리는 차곡차곡 정리해 엄지손가락 한 마디 정도 길이로 썬 다음 물기를 짜준다.

물기를 너무 많이 제거하면 미나리나물이 푸석해지니 손으로 한 번만 훑어서 물기를 빼주세요.

3 나물을 무칠 그릇에 국간장, 참기름, 갈은 깨를 1스푼씩, 다진 마늘은 1/2스푼, 쪽파는 1/2줄기 다져서 넣고 섞는다.

4 양념에 미나리를 넣고 숟가락으로 살살 버무린 후, 예쁜 접시에 담는다.

미나리의 천연색을 살려줄 수 있는 열로 접시에 담으면 좋아요.

초보 한마디!

나물 요리할 때마다 '살짝 데친다'라는 말이 나오는데, 무슨 뜻인지 몰라 어려우시죠? 엄마가 알려주신 가장 쉬운 방법은, 봄철 나물은 잎이 연하니까 '끓는 물'에 나물을 넣고 앞뒤로 1~2번만 뒤집어준 다음 바로 찬물에 헹궈주기! 여름철 나물은 잎이 억세기 때문에 끓는 물에 나물을 넣은 후, 숨이 죽은 물이 '다시 끓을 때'까지 앞뒤로 뒤집어 주다가 건져내 찬물에 헹궈주는 거예요. 이렇게 듣고 보니, 나물 데치는 것도 별로 어렵지 않죠?

조리시간 20분

고추장 넣고 비벼 먹기 좋은 반찬
콩나물무침
046

산채비빔밥을 위해 선택한 두 번째 재료는 바로 비빔밥에 절대 빠질 수 없는 콩나물무침이에요! 콩나물무침은 국물이 자박하도록 무쳐야, 비벼 먹을 때 좋답니다. 산채비빔밥을 만드느라 다양한 나물들을 준비하긴 했지만, 사실 찬밥에 콩나물무침 한 가지만 넣고 매콤한 고추장과 참기름 듬뿍 넣어 비벼서 먹을 때가 제일 맛있죠!

주재료 | 콩나물 한 손 가득
양념 | 국간장 1스푼, 참기름 1스푼, 갈은 깨 1스푼, 다진 마늘 1/2스푼, 쪽파 1/2~1줄기

1 콩나물은 다듬어서 씻은 후, 끓는 물에 넣고 삶는다. 삶을 때 소금은 넣지 않는다.

콩나물 삶는 법은 '02장 콩나물 해장국'을 참고하세요.

2 삶은 콩나물은 찬물에 재빨리 씻어준 후, 체에 받쳐 물기를 뺀다. 콩나물 삶은 물은 1국자 정도 남겨둔다.

찬물에 재빨리 씻어줘야 콩나물 머리가 잘 떨어지지 않아요.

3 국간장, 참기름, 갈은 깨는 1스푼씩, 다진 마늘은 1/2스푼, 쪽파는 1/2줄기를 다져 양념을 만든다.

4 양념에 물기 뺀 콩나물과 콩나물 삶은 물 1국자를 넣고 버무린 후 접시에 담는다.

초보 한마디!

남편과 단둘이 먹겠다고 콩나물 사는 게 쉽지 않습니다. 둘이 먹게 한 손 가득 담아봤자 200~300원어치인데 그렇게 사기는 왠지 죄송스럽고, 그렇다고 500원어치 사봤자 반은 버릴 테고…

그러다가 알게 된 콩나물 보관법! 다듬어 깨끗이 씻은 콩나물을 비닐봉지에 담고 콩나물이 잠길 만큼 깨끗한 물을 부은 후 봉지 입구를 꼭 묶어 냉장고에 보관해 주세요. 그렇게 하면 일주일은 거뜬합니다. 물론 비닐봉지보다는 밀폐용기를 이용하면 공기 차단과 생활쓰레기 차단에 더 좋습니다.

콩나물 보관법 덕분에, 요즘은 당당하게 콩나물 500원어치를 사온답니다.^^

조리시간 20분

새콤, 달콤, 매콤한 맛을 아삭아삭 음미하는
무생채
047

산채비빔밥을 위해 선택한 세 번째 재료는 무생채입니다!
무생채는 보통 소금으로 간을 해 무치는데, 저는 엄마한테 배운 대로 국간장으로 간을 했습니다.
국간장으로 만들면 무생채에 국물이 자박자박 생기는데요, 이 국물 한 스푼을 넣고 비벼 먹으면
끝내줍니다. 밤마다 남은 나물에 찬밥 비벼 먹다가 돼지 부부가 되겠어요!

주재료 | 무 1/2개　**양념** | 국간장 1스푼, 고춧가루 1스푼, 식초 1/2스푼, 설탕 1티스푼, 다진 마늘 1/2스푼, 쪽파 1/2~1줄기, 통깨 1/2스푼

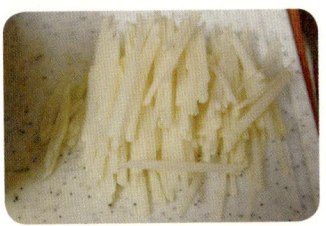

1 무를 씻어 껍질을 벗긴 후 채썬다. 무에 소금간은 하지 않는다.

> 무가 연하면, 껍질은 벗기지 않아도 돼요.

2 국간장과 고춧가루는 1스푼씩, 식초 1/2스푼, 설탕 1티스푼과 다진 마늘 1/2스푼을 넣고 섞는다. 새콤달콤한 맛이 싫으면 식초와 설탕은 넣지 않아도 된다.

3 양념에 무를 넣고 버무린 후, 5분 정도 그대로 둔다.

4 물이 자박하게 생기면, 쪽파와 통깨를 넣고 버무린다. 접시에 담으면 끝.

> 양념에 식초가 들어 있기 때문에, 쪽파를 미리 넣으면 시든 겉절이처럼 축 쳐지니 먹기 직전에 넣으세요.

초보 한마디!

결혼 초, 딱딱하면서도 둥글둥글한 무를 썰다 손이 다칠까 노심초사했었어요. 덕분에 무가 들어가는 요리는 손사래를 치며 싫어했죠. 그러던 어느 날, 시든 무를 300원 떨이로 사오면서 알게 된 사실!
시든 무는 칼질하기 무~척 쉽습니다. 무에 칼이 쉽게 들어가서 밀리는 일도 없고요. 채썰기, 얇게 저미기 등 원하는 모양대로 잘 썰립니다. 물론 요리 고수님들은 시든 무는 수분이 없어 맛이 없다고 하시겠지만, 초보주부가 중급주부로 업그레이드될 때까지 이 방법으로 무 공포를 극복하는 것도 좋지 않을까요.

조리시간
20분

나이 먹을수록 좋아지는 반찬
취나물무침
048

산채비빔밥을 위해 선택한 마지막 재료는 취나물입니다! 취나물은 비벼 먹는 재료로 많이 쓰이는 것 같진 않지만, 제가 먹어본 사찰 비빔밥에는 취나물이 들어가더라고요. 왠지 비빔밥에서 취 향이 묻어 나와야 산채음식 같아서 준비했습니다. 어려서는 절대로 안 먹던 나물이었는데, 나이 드니까 향이 좋네요.

주재료 | 취 1단(봄철에는 1/2단)
양념 | 국간장 1스푼, 참기름 1스푼, 갈은 깨 1스푼, 다진 마늘 1/2스푼, 쪽파 1/2~1줄기

2인분

1 다듬어 씻은 취를 끓는 물에 넣고 데친다.

봄 여름철 나물 데치는 법은 '045 미나리무침'을 참고 하세요.

2 삶은 취는 찬물에 씻은 후, 손으로 한 번만 눌러서 물기를 짠 다음 먹기 좋은 길이로 썬다.

물기를 너무 많이 제거하면 나물이 촉촉하지 않고 푸석푸석해져요.

3 국간장, 참기름, 갈은 깨는 1스푼씩, 다진 마늘은 1/2스푼, 쪽파는 1/2줄기를 다져 넣고 양념을 만든다.

4 양념에 준비한 취를 넣고, 조물조물 버무린 후 접시에 담는다.

여름 취의 경우, 팬에 한 번 볶아냅니다.

초보 한마디!

취나물은 봄에 연한 잎이 나올 때 먹는 것이 좋답니다. 여름에는 쉽게 구해지지도 않고, 설령 구하더라도 양도 적고 잎이 억세더라고요. 그렇다고 먹고 싶은데 참을 수는 없으니, 억센 잎을 봄철의 취처럼 만드는 방법 알려드릴게요.
우선, 끓는 물에 취를 넣으면 물이 끓는 것을 멈추고 숨을 죽이는데요. 이 물이 다시 부글 부글 끓을 때까지 나물을 앞뒤로 2~3번 뒤집어 가면서 데쳐주세요. 데친 취는 건져 찬물에 씻은 후 물기를 짜주시는데요, 물기가 좀 남아 있다고 느껴질 만큼 짜주세요! 그렇다고 물이 줄줄 흐를 정도는 아니고요. 이제 취를 양념에 버무린 다음, 마지막에 '볶아주면' 됩니다. 양념에 참기름이 들어가니까 팬에 기름을 두를 필요는 없이, 취가 따끈해질 때까지 볶아만 주세요. 이렇게 만들면, 여름 취도 봄철의 연한 취처럼 부드러워질 거예요.

조리시간 30분

냉장고에 보관하고 먹어도 맛있는 가지 요리

가지간장무침
049

오늘의 특별 반찬은 시어머님표 가지 요리입니다.
저희 엄마는 가지를 푹~ 쪄서 국간장으로 양념을 하시는데요. 시댁은 깻잎 장아찌(무침)처럼 양조간장으로 양념을 하더라고요.
비슷한 듯 다른 가지 요리랍니다.

주재료 | 가지 2개 **양념** | 양조간장 2~3스푼, 고춧가루 1스푼, 매실액 2스푼, 쪽파 1줄기, 부추 2줄기, 다진 마늘 1/2스푼, 통깨 1/2스푼, 가지 찐 물 2~3스푼

2일냠

1 가지 2개를 0.3~0.5cm 길이로 저민다.

2 냄비에 넣고 젓가락으로 눌렀을 때 잘 들어가면서도 '탱탱한' 정도로 찐다. 약 5~7분 정도.

골고루 익을 수 있게 중간에 한 번 아래위를 섞어주세요.

3 가지를 식히면서 양념을 준비한다. 양조간장 2스푼, 고춧가루 1스푼, 매실액 2스푼에 다진 마늘 1/2스푼, 통깨 1/2스푼, 쪽파 1줄기를 다져 넣고 섞는다. 부추가 있으면 2줄기 정도 잘게 썰어 넣으면 좋다.

4 깻잎 장아찌 담듯 가지 사이사이에 양념간장을 뿌리면서 켜켜이 쌓는다.

싱겁게 먹고 싶다면, 가지 찐 물도 2스푼 정도 넣어주세요.

초보 한마디!

가지를 푹 찌는 것은 차라리 쉬운데, 탱탱하게 찌는 건 뭔지 도통 모르시겠죠? 솔직히 저도 그렇습니다.^^;; 몇 번의 실패 끝에 알게 된 방법 알려드릴게요.
가지를 3분쯤 찌다가 위아래로 한 번 뒤집어 주고, 2분쯤 더 찌다 보면 가지의 가운데에 보라색 모양이 생기기 시작할 거예요.(2번 사진 참고) 그때 바로 불을 끄세요. 그리고 뚜껑을 닫아 놓고 2~3분 정도 뜸을 들여주세요.
그리고, 또 한가지! 가지찜 하듯 가지를 길쭉하게 써는 것보다는 사진처럼 둥글게 썰어야 탱탱한 식감을 느낄 수 있어요.

조리시간
20분

겨울철 입맛 살려주는
꼬막된장찌개 & 꼬막무침
050

장기간 순천으로 출장을 다녀왔어요.
이번에 처음으로 순천이라는 도시를 가보게 되었는데요. 세계 5대 연안 습지라는 광활한 갈대 숲
순천만이 있어서 그런지 순천의 인심은 소박하면서도 구수하더라고요.
출장지에서의 느낌을 남편에게도 전하고 싶어, 집에 오자마자 꼬막을 준비했답니다.

주재료 | 꼬막 1근(30~40개 정도) **된장찌개 재료 |** 감자 1/2개, 양파 1/2개, 무, 청양고추 1개, 대파 1/2줄기, 양송이 2개, 된장 1/2스푼 **꼬막무침 재료 |** 양조간장 1스푼, 물 1스푼, 다진 마늘 1티스푼, 고춧가루 1티스푼, 갈은 깨 1티스푼, 통깨 1티스푼, 쪽파 1/2줄기

2인분

1 꼬막을 손으로 비벼 깨끗이 씻는다.

2 끓는 물에 꼬막을 넣고, 사진처럼 꼬막이 입을 벌리기 시작하면 2~3분 정도 더 끓인다. 삶은 꼬막을 채반에 냄비째 부어 꼬막만 건져낸다.

꼬막을 삶으려면 물에 뻘과 해감이 묻어나 검게 변하는데요. 그 물이 더러운 건 아니니까, 삶은 꼬막을 물에 헹구지 마세요!

3 뚝배기에 물과 꼬막살 15~20개 정도 넣고 끓인다. 된장은 평소보다 적게 1/2스푼 정도 넣는다.

4 감자와 무는 나박썰고, 양파 1/2개와 양송이는 4등분 한다. 청양고추는 잘게 썰고 대파는 어슷썬다. 육수가 끓으면, 감자와 무, 양파를 넣고 끓이다 양파가 익을 쯤 양송이와 대파를 넣고 끓인다. 기호에 따라 두부를 넣어도 좋다.

5 다음으로 양조간장 1스푼, 물 1스푼, 다진 마늘 1티스푼, 고춧가루 1티스푼, 갈은 깨 1티스푼, 통깨 1티스푼에 쪽파 1/2줄기를 다져 넣고 꼬막무침 양념을 준비한다.

6 꼬막 껍질을 반으로 쪼개, 살을 발라낸 다음 꼬막 껍질 반쪽에 살을 올려 놓는다. 꼬막 위에 양념장을 뿌려주며 켜켜이 쌓는다.

꼬막 살만 발라내서 양념에 버무려도 되지만, 껍질 위에 올려야 맛깔스러 보입니다.

초보 한마디!

순천에서 배운 꼬막 껍질 벗기는 법 알려드릴게요.
꼬막 뒤쪽 껍질 이음새 부분에 숟가락을 꼽고 꽈배기처럼 틀어주세요. 그러면 쉽게 껍질을 반으로 분리할 수 있어요.
참고로, 참꼬막은 숟가락 대신 젓가락을 이용해 주시고요.

조리시간 45분

꼬들꼬들 매콤한 주꾸미가 왔어요~
주꾸미볶음
051

엄마가 남당리에 다녀오면서 새조개와 주꾸미를 사다 주셨어요. 새조개는 받자마자 샤브샤브 해먹었고, 주꾸미는 그대로 냉장고에 보관해 뒀었는데요. 퇴근 무렵, 냉장고 속 주꾸미가 떠올라 남편한테 "오늘의 메뉴는 주꾸미볶음"이라고 문자를 보냈어요. 신이 난 남편이 "떡사리 추가"라고 회신이 왔네요. 남편! 떡사리 추가 1000원!

주재료 | 주꾸미 5~8마리, 양파 1/2개, 당근 1/4개, 양배추 한 주먹, 대파 1줄기, 팽이버섯 1봉지, 고추기름
사리 | 가래떡, 고구마
양념 | 고추장 1스푼, 고춧가루 3스푼, 매실액 3스푼, 다진 마늘 2스푼, 청양고추 1개, 멸치육수 1컵, 설탕 1/2스푼, 후춧가루

2인분

1 야채를 먹기 좋은 크기로 썰고, 주꾸미는 씻은 후 체에 받쳐 물기를 뺀다.

주꾸미 빨판에 뻘갈과 뻘 등이 묻어 있는 경우, 밀가루와 소금을 풀어 씻어주세요.

2 고추장과 고춧가루, 매실액을 1:3:3의 비율로 넣고 다진 마늘을 2스푼 넣는다. 멸치육수 1컵(혹은 물 1컵)을 부어 양념을 갠다. 취향에 따라 청양고추와 설탕과 후춧가루를 첨가해도 좋다.

3 준비한 주꾸미를 양념에 재운다.

4 팬에 고추기름을 두르고 양파, 당근, 양배추 등 딱딱한 야채와 사리를 볶는다.

매운 걸 싫어하면 식용유로 볶아주세요.

5 양파가 투명해지기 시작하면, 주꾸미를 넣고 볶는다.

볶을 때 물기가 부족하면 멸치육수(혹은 물)을 조금씩 부어가면서 타지 않게 해주세요.

6 볶으면서 주꾸미를 먹기 좋게 썰어주고, 주꾸미가 다 익어가면 대파와 팽이버섯을 넣고 볶는다.

주꾸미는 오래 볶으면 질겨지니, 익은 듯하면 바로 대파와 팽이버섯을 넣고 불 꺼주세요.

초보 한마디!

주꾸미볶음 먹고 남은 양념에 밥을 볶아 먹으면 끝내줍니다.
남은 양념에 밥과 함께 부추, 미나리, 팽이버섯 등을 채썰어 넣고 볶다가 마지막에 김가루를 넣고 비벼주면 끝!

조리시간
1시간

달짝지근하면서도 구수한 엄마표 김치볶음
열무김치볶음
052

김치를 별로 좋아하지 않는 제가 유일하게 잘 먹는 것이 엄마표 김치볶음과 김치전입니다.
집들이 치르고 보니, 상 위에 남은 김치가 한가득이더라고요.
그냥 버리기엔 아까운 듯해서, 남은 김치를 몽땅 김치볶음으로 만들어 보관하기로 했답니다.
참고로, 김치볶음은 열무나 깍두기 같은 무김치로 만들어야 더 맛있습니다.

주재료 | 김치(배추김치, 열무김치, 깍두기 등) 한 접시
양념 | 멸치 한 주먹, 들기름 3스푼, 설탕 2스푼

2인분

1 냄비 바닥에 멸치를 깔아준다.

2 김치를 올리고 설탕 2스푼을 뿌린다.

3 들기름을 3스푼 넣는다.

4 김치가 잠길 만큼 물을 붓는다. 뚜껑을 닫고 약한 불에서 1시간가량 조린다.

> 조리다가 물이 부족하면, 자박자박할 만큼 물을 부어주세요.

초보 한마디!

김치를 잘 먹지 않는 저희 부부. 양가 부모님이 보내주신 작년도 김장김치가 냉장고 가득인데요. 또다시 김장 시즌이 돌아왔습니다. 이렇게 시어버린 김장김치를 맛있는 반찬으로 만드는 법!
바로 오늘 소개한 김치볶음입니다. 설탕의 달콤함과 들기름의 고소함이 김치의 군둥내를 말끔히 가려준답니다.

조리시간
1시간 30분

통감자를 넣은 닭볶음탕 먹으며 집에서 야유회 기분 내기

닭볶음탕
053

반짝반짝 눈속에 담기는 햇살, 살랑살랑 코끝을 스치는 바람결! 저희 부부의 마음속에도 봄이 왔습니다. 그러나 5월은 가정의 달! 어버이날, 남편 생일, 종친회 등등 이래저래 집안 행사가 많다 보니 주말에 야유회 한번 못 가고 있네요. 유난히 맑은 하늘을 보고 있자니, 마음이 들썩거려 집에서라도 야유회 기분을 내기로 했습니다. 야유회 하면 역시 닭볶음탕과 파전 아니겠어요.

주재료 | 토종닭 1마리, 감자 4개, 양파 1.5~2개, 당근 1/2개, 대파 1줄기, 홍고추 1개, 미림(먹다 남은 소주 혹은 청하) 1/3컵 **양념** | 고추장 2스푼, 고춧가루 1스푼, 다진 마늘 1스푼, 매실액 1스푼, 설탕 1/2스푼, 청양고추 1개, 국간장 1/2스푼

2~3인분

1 토막 낸 닭을 준비한다. 냉동 보관한 닭이 있다면 큰 그릇에 담고 닭이 2/3 이상 잠길 만큼 물을 부어 상온에서 서서히 녹인다.

2 고추장과 고춧가루, 다진 마늘을 2:1:1 비율로 섞고, 청양고추와 매실액, 설탕을 기호에 맞게 넣는다.

3 감자는 통으로 깎아놓고, 양파는 반쪽을 내고 대파는 길쭉하게, 당근은 먹기 좋게 썬다.

4 큰 냄비에 닭을 넣고 푹 잠길 만큼 물을 채운 후 센불에서 삶는다. 물이 끓으면서 거품이 생기면 모두 걷어낸다.

5 냄비에 자박자박할 만큼 물을 남기고 모두 버린다. 불을 약하게 줄이고 야채와 양념장을 넣고 야채와 닭고기에 양념이 묻도록 주걱으로 뒤적거린다. 미림 혹은 먹다 남은 소주가 있으면 1/3컵 정도 넣어도 좋다.

6 뚜껑을 닫고 1시간 이상 푹 고아준다. 완성된 닭볶음탕에 홍고추와 대파를 올리고 뜸을 들이면 끝.

초보 한마디!

닭볶음탕이 먹고 남았다면! 1/2컵 분량의 물에 카레를 1~1.5스푼 넣고 풀어준 다음, 남은 닭볶음탕에 넣고 끓여주세요. 탄두리 치킨만큼은 아니지만 인도의 맛과 어우러진 퓨전 닭볶음탕을 맛볼 수 있답니다.

조리시간
30분~1시간

초딩 입맛 남편이 좋아하는 고기 반찬
뚝배기 불고기
054

치과 치료를 받고 온 남편이 이빨이 아프다며 징징거립니다.
과자 먹어 키운 벌레라 밥을 확 굶겨 버릴까 하다가, 부드럽게 넘길 수 있는 고기와
후루룩 삼킬 수 있는 당면 넣은 뚝불을 준비했습니다.
남편아! 입안에 벌레 또 키우면 내쫓아 버린다!

주재료 | 소고기(불고기거리) 1근, 양파 1/2개, 느타리버섯 1팩, 대파 1줄기, 당면 1~2인분, 팽이버섯 1봉지 **양념** | 양파 2개, 배 1/2쪽, 마늘 5톨, 콜라 1/2컵(혹은 설탕 1스푼+청주 1/3컵), 진간장 5~6스푼, 참기름 1.5스푼, 후춧가루

2인분

1 소고기를 재울 양념을 준비한다. 양파 2개, 배 1/2쪽, 마늘 5톨에 콜라 1/2컵을 넣고 믹서로 간다. 소고기에 갈은 양념을 넣고 진간장 5~6스푼, 참기름 1.5스푼, 후춧가루를 넣고 버무린다.

2 양념에 재운 소고기를 숙성시킨다.

냉장고에서 반나절 이상 숙성시키는 것이 좋아요.

3 느타리버섯을 데쳐서 물기를 뺀 후 가늘게 찢어주고, 양파는 가늘게 채 썰고 대파는 어슷썬다.

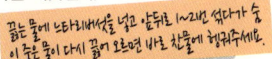

끓는 물에 느타리버섯을 넣고 젓가락으로 1~2번 섞다가 숨이 죽은 물이 다시 끓기 시작하면 바로 찬물에 헹궈주세요.

4 당면을 10분 정도 물에 담가 당면이 동그랗게 말릴 정도로 불린다.

5 재워 놓은 소고기에 느타리버섯과 양파, 대파를 넣고 섞는다.

재운 고기에 느타리버섯과 양파를 넣으면 4인분 양 정도가 됩니다. 2인이 먹을 거면 반씩 덜어서 드세요.

6 뚝배기에 불고기를 담고 가운데 당면을 올린다. 물을 불고기 양의 1/2정도까지 넣고 뚜껑을 닫고 끓인다. 고기와 당면이 다 익으면, 팽이버섯을 올리고 뚜껑을 닫은 후 약한 불에서 1~2분 정도 뜸을 들인다.

초보 한마디!

재운 불고기가 애매하게 남았다면 불낙전골을 만들어 보세요. 한 주먹 정도 적은 양의 불고기만 있다면, 충분히 만들 수 있답니다. 요리법은 083 불낙전골을 참고하세요.

조리시간 50분

초보주부, 마침내 생선 요리 도전하다!
갈치조림
055

결혼 초, 생선구이 반찬을 하겠다고 장만했던 갈치. 막상 해보려니 집안에 냄새가 뺄 것도 같고, 잘못 요리하면 비릴 것도 같아 냉동실로 직행했던 '우리집 갈치'가 결혼 6개월 만에 빛을 봤네요. 갈치를 냉동실에서 꺼내자마자 엄마한테 SOS를 했는데, 시간이 오래 걸려서 그렇지 생각보다 쉽더라고요!

주재료 | 갈치 2마리, 무 1/4개, 쪽파 1줄기, 부추 2~3줄기, 홍고추 1/2개, 먹다 남은 소주 1~2스푼
양념 | 고추장 1/2스푼, 고춧가루 1스푼, 다진 마늘 1스푼, 청양고추 1개, 국간장 1티스푼, 진간장 1티스푼, 멸치육수 1/2컵

1 고추장, 고춧가루, 다진 마늘을 1:2:1 비율로 넣고 청양고추 1개를 다져 넣는다. 국간장과 진간장을 동일 비율로 넣고 간을 한다.

2 멸치육수 1/2컵을 넣고 묽게 갠다. 멸치육수가 없으면 물로 대신한다.

3 냄비에 1cm 두께로 도톰하게 썬 무를 깐다.

4 무 위에 갈치를 올리고, 그 위에 채 썬 양파와 쪽파를 올린다. 먹다 남은 소주가 있으면 1~2스푼 뿌려주면 좋다.

5 준비된 양념을 붓고 갈치가 반쯤 잠길 만큼 물을 붓는다. 뚜껑을 닫고 가장 약한 불에서 조린다.

6 30분 정도 푹 익힌 후, 길쭉하게 썬 부추와 저민 홍고추를 올리고 뜸을 들인다.

초보 한마디!
주꾸미볶음이나 갈치조림 같은 생선 요리의 양념장을 만들 때는 멸치육수를 쓰면 좋습니다.
그리고 또 하나, 생선 조림을 할 때 바닥에 무와 함께 감자를 깔아도 좋아요. 특히, 고등어 자반을 조릴 때는 고등어보다 감자 맛이 더 좋다는 사실!

조리시간 15분

몸살이 왔을 때 먹으면 좋은 엄마표 특별 영양식

계란찜
056

온몸이 안 쑤신 데가 없고, 입술이고 콧등이고 죄다 부르트고 난리가 났어요.
밥을 뜨는 둥 마는 둥, 한없이 잠만 자는 사이 남편이 계란찜을 만들었네요.
언젠가 남편이 몸살 났을 때 계란찜을 만들어주며, 엄마가 만들어주던 특별 영양식이라고
알려줬더니 그걸 기억해둔 모양이에요. 남편님아~ 고마워요.

주재료 | 달걀 4개, 각종 야채(양파, 팽이버섯, 당근, 피망), 새우 2~3마리, 소금

2인분

1 달걀을 거품기 혹은 젓가락으로 풀고, 야채와 새우는 잘게 다진다.

남편 말로는 달걀을 믹서로 갈았더니 쉽게 풀린다고 하더군요.

2 센불에 뚝배기를 올리고, 계란물 양만큼 물을 넣고 소금으로 간을 한다.

지인한테 배운 방법인데, 소금물을 먼저 끓이면 계란찜 바닥이 타지 않아요.

3 물이 부글부글 끓으면, 계란물에 다진 야채와 새우를 섞어준 다음 붓는다.

4 계란물을 젓가락으로 4~5번 저어준 다음, 불을 가장 약하게 줄이고 뚜껑을 닫고 1분간 끓인다.

초보 한마디!

몸살이 났거나 입맛이 없을 때, 계란찜 뚝배기에 따끈한 밥을 만 다음 김치를 얹어 드셔 보세요. 밥보다는 부드럽고 죽보다는 든든한 한 끼가 됩니다.

조리시간 40분

양배추 넣어 매콤하고 달달하게 볶은 삼겹살
제육볶음
057

바쁜 마누라 덕분에, 매일 회사 구내식당에서 저녁을 해결하는 남편을 위해 모처럼 고기 반찬을 했어요. 남편은 고기를 그다지 좋아하지 않으니 사실은 제가 먹고 싶어서지만요.^^ 남편에게 집 밥을 차려주겠다는 일념 하나로, 현관에 들어서자마자 냉동실에 있던 삼겹살을 급히 해동시켜 제육볶음을 만들었답니다.

주재료 | 삼겹살 1/2근, 양배추 삼겹살 양의 1/2만큼, 양파 1/2개, 대파 1/2개, 홍고추 1/2개, 식용유
양념 | 고추장 1스푼, 고춧가루 1스푼, 다진 마늘 1스푼, 매실액 1스푼, 올리고당 1스푼, 참기름 1/2스푼, 후춧가루

2인분

1 냉동실에 있는 삼겹살을 해동시키고, 야채를 먹기 좋게 썬다.

전자레인지를 이용해 급히 해동시키는 것보다는 미리 냉장고로 옮겨 서서히 녹여주는 것이 좋아요. 생고기면 더 좋고요.

2 고추장, 고춧가루, 다진 마늘, 매실액, 올리고당을 동일 비율로, 참기름과 후춧가루를 취향에 따라 넣고 섞는다.

3 준비된 양념에 고기를 넣고 버무린 다음, 야채를 넣고 버무린다.

고기와 야채를 동시에 넣고 버무리면, 고기에 양념이 골고루 묻지 않아요.

4 팬에 식용유를 조금 두르고 중불에 달구어준 후, 양념에 버무린 고기와 야채를 넣고 볶는다.

5 고기가 반쯤 익었을 때, 불을 약하게 줄이고 뚜껑을 닫아 고기를 푹 익힌다. 고기와 야채가 타지 않도록 중간중간 2~3번 정도 뒤섞어준다.

6 고기가 다 익으면, 어슷썬 대파와 홍고추를 넣고 볶는다.

초보 한마디!

제육볶음은 깻잎에 싸먹는 게 제일 맛있는 것 같아요. 깻잎을 꼭 준비하세요.

캐럴이 울려퍼지는 크리스마스이브.
이벤트를 좋아하는 마누라와 감성적인 남편이 만나,
산타 모자에 루돌프 머리띠까지 하고 둘만의 파티를 준비합니다.

남편아~ 메리 크리스마스!

02

남편과 오붓한 홈파티

조리시간 40분

초보주부 집에서 파티하기
버섯크림파스타 (풍기 크레마)
058

결혼하고 첫 번째 파티였던 크리스마스이브의 메인 요리입니다.
지금보다 훨씬 요리를 못하던 때였는데 재료가 다양했던 덕분인지 제법 그럴싸하게 만들었답니다!
토마토 파스타까지 만드느라 시간이 꽤 걸렸지만, 완성하고 보니 레스토랑 못지않더라고요.
산타 남편! 착한 요리 했으니 선물 주세요!

주재료 | 파스타면 1인분, 소금 **소스** | 각종 버섯(양송이, 느타리, 표고) 한 주먹, 베이컨 1.5장, 마늘 2톨, 블랙 올리브 2개, 우유 1/2컵, 휘핑크림 1/2컵, 파슬리가루(혹은 바질가루), 후춧가루, 올리브오일

1인분

1 물에 소금 간을 하고, 1인분 양의 파스타면을 삶는다. 삶은 면은 체에 건져 놓는다.

면을 삶은 물은 뒀다가 소스가 걸쭉하면 1~2스푼 넣어주세요.

2 각종 버섯은 0.3~0.5cm 두께로 썰고, 마늘과 올리브는 얇게 저며 놓는다. 베이컨은 손톱 크기로 썬다.

3 팬에 올리브오일을 두르고 마늘을 볶다가 기름에 마늘 향이 묻어나면 베이컨을 넣고 볶는다.

4 버섯과 블랙 올리브를 넣고 볶다가 후춧가루와 파슬리가루를 뿌려준다.

5 우유와 휘핑크림을 1 : 1 비율로 넣고 끓인다.

느끼한 게 싫으면, 휘핑크림 양을 줄여주세요.

6 크림과 우유가 섞여 걸쭉해지면, 파스타면을 넣고 볶으면서 소금으로 간을 맞춘다. 접시에 담고 파슬리 가루를 솔솔 뿌려주면 끝.

초보 한마디!

파스타나 국수는 1인분씩 팔지 않는데요. 한 봉지를 뜯었을 때 1인분 양을 측정하는 방법을 알려드립니다. 엄지손가락을 검지 손톱 위에 얹어 원을 그렸을 때 그 사이 원형에 잡히는 양이 1인분이에요.

조리시간 30분

초보주부 집에서 파티하기
모짜렐라치즈 토마토 스파게티
059

크리스마스이브에 크림 파스타와 함께 준비한 토마토소스 스파게티입니다.
토마토소스 스파게티는 슈퍼에서 파는 토마토소스와 스파게티면을 충동구매했네요.
어찌나 쉽다고 느꼈던지, 다음 날 토마토소스를 넣기만 하면 돼서 그런지 훨씬 쉽더라고요.
남편아! 앞으로 한 달간 토마토 스파게티만 먹어야 할지도 몰라~

주재료 | 파스타면 1인분, 소금　**소스** | 토마토소스 5~6스푼, 양파 1/2개, 다진 마늘 1스푼, 방울토마토 3~4알, 파슬리가루, 올리브오일, 모짜렐라치즈 한 주먹, 새싹

1인분

1 물에 소금을 조금 넣고 1인분 양의 파스타면을 삶는다. 삶은 면은 체에 건져 놓는다.

2 방울토마토는 반으로 자르고, 양파는 다진다.

3 팬에 올리브오일을 두르고 다진 양파와 다진 마늘을 넣고 볶다가 반으로 자른 방울토마토와 파슬리가루를 넣고 볶는다.

4 토마토소스를 5~6스푼 정도 넣고 섞는다.

5 삶은 파스타면을 넣고 볶다가 싱거우면 소금으로 간을 하고, 모짜렐라치즈 한 주먹을 넣고 섞는다.

6 치즈가 녹으면 접시에 담고 새싹을 얹는다.

초보 한마디!

기호에 따라 베이컨이나 해산물을 넣어, 레스토랑에서 파는 '베이컨 스파게티' 혹은 '해산물 스파게티'를 만들어 보세요.

조리시간
20분

간단하게 즐기는 가정식 스파게티
일본식 버섯스파게티
060

며칠 전 크림스파게티를 해먹고 남은 스파게티 면이 있어 일본식 버섯스파게티에 도전했습니다.
버터와 간장을 넣은 탓에 파스타 같으면서도 일본식 덮밥 같은 맛이랄까요? 일본 드라마 속 주인공이 된 듯한 기분이네요.
가정식 스파게티인 만큼 피클과 같이 내놓았더니.

주재료 | 파스타면 1인분, 각종 버섯(양송이, 느타리, 표고) 한 주먹, 베이컨 2장, 다진 마늘 1스푼, 소금, 식용유
양념 | 진간장 1~1.5스푼, 미림(혹은 먹다 남은 소주) 2~3스푼, 버터 1스푼, 후춧가루

1인분

1 물에 소금을 조금 넣고 1인분 양의 파스타면을 고들고들하게 삶아 체에 건져 놓는다.

2 각종 버섯은 0.3~0.5cm 두께로 저미고, 베이컨도 손톱 크기로 썰어 놓는다.

3 팬에 식용유를 두르고 다진 마늘 1스푼을 넣고 볶다가, 기름에 마늘 향이 묻어 나면 베이컨을 넣고 볶는다.

4 느타리버섯과 표고버섯을 넣고 볶는다.

5 버섯이 익어가면, 삶은 면과 양송이 버섯을 넣는다.

6 1~2번 뒤적거리며 볶다가 진간장과 미림을 1:2 비율로 넣고 볶는다. 마지막으로 버터 1스푼과 후춧가루를 조금 뿌려 볶아주면 끝.

초보 한마디!

일본식 버섯스파게티는 하루 이틀 전에 삶아 놓고 불은 면을 이용해도 괜찮아요. 버터로 마지막에 볶아줘서 그런지, 불은 면도 고들고들 고소한 게 맛있더라고요.

조리시간 30분

로즈마리 향을 머금은 스테이크 만들기
로즈마리 발사믹소스 안심 스테이크
061

5월 2일, 남편을 처음 만난 날입니다. 기념일이니 스테이크라도 썰어 볼까 싶어서, 동네 패밀리레스토랑에 갈까 하다가 홈파티를 준비했어요. 남편아! 지금까지 계속 만나줘서 고마워!

주재료 | 소고기 안심(스테이크용) 1/2근, 로즈마리 5~6줄기, 후춧가루, 소금, 올리브오일, 버터
소스 | 발사믹 식초 3~5스푼, 꿀 1~2스푼   **부재료** | 스테이크와 곁들일 야채(고구마, 호박, 당근, 파프리카, 샐러리 등)

2인분

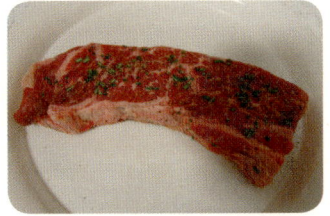

1 소고기는 굽기 30분 전에 상온에 꺼내, 잘게 다진 로즈마리 잎과 후춧가루로 재운다. 팬에 굽기 직전에 소금을 뿌려 간을 한다.

2 팬에 올리브오일과 버터를 1:1 비율로 넣고, 중불에서 고기를 굽는다.

3 겉으로 육즙이 나오지 않을 만큼, 앞뒤 면을 고루 익힌다. 미디움레어(혹은 미디움)으로 익은 스테이크를 도마에 올려, 먹기 좋은 크기로 썬다.

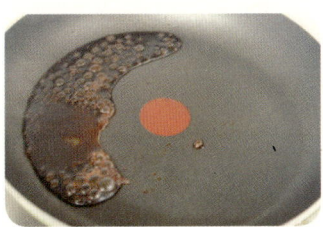

4 다른 팬에 발사믹 식초와 꿀을 3:1 비율로 넣고 가장 작은 불에서 조린다. 흑설탕을 조금 섞어도 좋다.

로즈마리 발사믹소스 스테이크는 미디움레어로 먹는 게 제일 맛있어요.

식초와 꿀은 금세 타니까요, 가장 약한 불에서 빠른 시간 안에 조려주세요.

5 팬에 버터를 녹이고, 스테이크와 함께 먹을 야채를 굽는다. 접시에 스테이크와 구운 야채를 올리고 준비한 소스를 뿌려준다.

초보 한마디!

혹여, 소스를 너무 많이 만들어서 남게 됐다면?
토마토, 생모짜렐라치즈에 바질잎을 곁들여 먹는 카프레제 샐러드용 소스로 사용하면 된답니다.
카프레제 샐러드 위에 뿌리는 발사믹크림과 동일하거든요.

조리시간 30분

메쉬드포테이토와 잘 어울리는 스테이크 만들기
레드와인소스 안심 스테이크
062

앞 페이지에서 로즈마리 발사믹소스 안심 스테이크를 소개했는데요.
아쉽게도 남편은 바짝 익힌 웰던 스테이크밖에 먹지 못합니다. 어쩔 수 없이, 부드러운 메쉬드포테
이토와 함께 먹을 수 있는 스테이크까지 두 종류를 준비했네요.
남편아! 우리 미디움으로 타협하자!

주재료 | 소고기 안심(스테이크용) 1/2근, 후춧가루, 소금, 올리브오일, 버터 **소스 |** 레드와인 4~5스푼, 양송이버섯 1개, 양파 1/4개, 꿀 1~1.5스푼 **메쉬드포테이토 |** 감자 1개, 우유 1/2컵, 버터 1/2스푼, 후춧가루
부재료 | 스테이크와 곁들일 야채(양송이&방울토마토 볶음, 고구마, 호박, 당근 등)

2인분

1 소고기는 굽기 30분 전에 상온에 꺼내 후춧가루를 뿌려 재운 후, 굽기 직전에 소금을 뿌려 간을 한다. 팬에 올리브오일과 버터를 1:1 비율로 넣고 중불에서 고기를 굽는다.

2 겉으로 육즙이 나오지 않을 만큼 앞뒤 면을 고루 익힌 후, 접시에 담아 250℃ 오븐에서 8~10분간 굽는다(웰던의 경우).

미디움의 경우 팬에서만 구워주세요.

3 고기를 숙성시키는 동안 감자를 삶는다. 삶은 감자는 건져내 수분기를 날린 후, 버터 1/2스푼과 따뜻하게 데운 우유 1/2컵을 붓고 으깨 비빈다. 후춧가루를 조금 뿌려도 좋다.

4 스테이크를 굽는 동안, 곁들일 야채를 준비한다. 팬에 올리브오일을 두르고 양송이버섯과 방울토마토를 넣고 볶다가 후춧가루와 소금으로 간을 한다. 고구마, 호박, 당근 등 스테이크와 곁들일 야채도 별도로 구워준다.

5 또 다른 팬에 올리브오일을 조금 두르고 얇게 썬 양파를 볶는다. 양파가 투명해지면 얇게 저민 양송이버섯을 넣고 1~2번 뒤적여준 다음, 레드 와인과 꿀을 4:1의 비율로 넣고 조린다.

6 접시에 스테이크 크기보다 조금 크게 메쉬드포테이토를 깔고, 그 위에 스테이크를 올린 다음 소스를 뿌려준다. 준비한 양송이&방울토마토 볶음과 야채도 곁들여 놓는다.

스테이크에 메쉬드포테이토를 묻혀 먹어야 맛있어요.

조리시간 10분

과일 향 가득한 스페인 전통 와인
샹그리아
063

몇 년 전, 스페인 여행을 갔을 때 제일 신기했던 게 '샹그리아'였습니다. 그때만 해도 샹그리아가 우리나라에 보편화되기 전이었거든요. 스페인에 도착한 첫날 먹은 샹그리아가 너무 맛있어서, 여행 내내 생각하고 또 생각했었죠.
오랜만에 스페인 여행을 추억하며 샹그리아를 만들었어요.

주재료 | 레드와인(Merlot 품종 추천) 1/2병, 각종 과일(오렌지, 사과, 배, 레몬, 파인애플 등), 탄산수(레모네이드) 1캔(병)

1 즙이 많이 나오는 과일과 탄산수를 준비한다. 과일은 껍질째 넣기 때문에 겉을 깨끗이 씻는다.

2 과일을 검지손가락 두께로 굵직하게 썬다.

> 과일이 없다면, 배즙, 사과즙, 오렌지주스 등을 준비해도 괜찮아요.

3 와인은 Merlot 품종의 저렴한 것으로 준비한다.

> 과일과 탄산수가 와인 고유의 향을 가리기 때문에 고가의 와인은 아까울 수 있어요.

4 1리터 병을 기준으로 과일을 1/3정도 채우고, 탄산수 200~300cc 1캔(병)을 붓는다. 남은 공간에 와인을 채운 후, 냉장고에서 5시간 이상 숙성시킨다.

> 이틀 정도 숙성하면 가장 맛있다고 합니다.

초보 한마디!

상그리아를 만들고 남은 배, 사과, 오렌지 등은 버리지 마시고요. 봉지에 담아 냉동실에 보관했다가 불고기 재울 때 갈아서 넣으면 좋답니다. 특히, 술에 절은 과일이라서요. 냉동실에 아무리 오래 보관해도 과일의 질감이 그대로 살아 있을뿐더러, 조각조각 분리도 잘 된답니다.

조리시간 30분

패밀리레스토랑 인기 볶음밥 만들기
마늘볶음밥
064

아빠 생신 때, 스테이크를 메인 요리로 준비했었는데요. 생신인데 밥이 빠지면 서운할 것 같아서 야심 차게 준비한 요리가 바로 유명 패밀리레스토랑의 인기 메뉴 '마늘볶음밥'이었어요. 밥알 깊숙이 배인 마늘 향과 매콤함이 스테이크의 느끼함을 싹~ 가시게 해준답니다.

주재료 | 밥 1인분, 칵테일 새우 10~15마리, 마늘 10~13톨, 마늘쫑 2~3줄기, 양파 1/2개, 홍고추 1개, 할라피뇨 피클 1개, 핫페퍼(이태리 건고추) 5~10개, 올리브오일, 소금

1인분

1 마늘 3톨을 채칼을 이용해 종이처럼 얇게 저민다.

마자지뽕 요리를 써는 미풍 채썰로 이용하면 좋아요.

2 팬에 올리브오일을 듬뿍 두르고 마늘을 튀긴다. 튀긴 마늘은 유산지에 놓고 기름을 뺀다.

마늘이 얇아서 팬에 들어가자마자 바로 익으니까요. 올리브오일에서 1~2분 뒤적인 다음 바로 불을 꺼주세요.

3 마늘을 0.2~0.3cm 두께로 저미고, 마늘쫑은 엄지손가락 한마디 길이로 자른다. 양파와 홍고추, 할라피뇨 피클을 잘게 다진다. 칵테일 새우는 물에 씻어 놓는다.

4 팬에 올리브오일을 두르고, 마늘을 볶는다. 기름에 마늘 향이 묻어나면, 양파와 핫페퍼(이태리 건고추), 다진 홍고추를 넣고 볶는다.

마늘 튀긴 팬을 그대로 이용할 경우, 올리브오일을 두르지 않아도 돼요.

5 양파가 투명해지면, 새우와 함께 마늘쫑과 할라피뇨 피클을 넣고 볶는다.

6 밥 1공기를 넣고 볶으면서 소금으로 간을 한다. 접시에 완성된 밥을 담고, 그 위에 튀긴 마늘을 올린다.

초보 한마디!

마늘볶음밥은 깊이감이 있는 그릇에 담기보다, 평평한 접시에 담아야 예뻐요.

조리시간 15분

마늘 향 그윽한 쏘야에 맥주 한 캔의 즐거움
비엔나소시지 야채볶음
065

흔히들 "쏘야"라고 하면 비엔나소시지에 야채와 케첩을 넣고 볶는데요.
그렇게 하면 케첩의 맛이 강해서 맥주 특유의 향이 가려지는 것 같더라고요.
그래서 저는 케첩 대신 매운 고추와 마늘로 향을 내고 소금과 후춧가루로 간을 합니다.
남편님아~ 집에 올 때 맥주 한 캔 부탁해요~

주재료 | 비엔나소시지 15~20개, 파프리카 1/2개, 양파 1/2개, 표고버섯 3개, 마늘 5톨, 청양고추 1개, 식용유, 소금, 후춧가루

2인분

1 양파, 파프리카, 표고버섯은 먹기 좋은 크기로 썰고, 청양고추는 얇게 저민다.

2 비엔나소시지에 사선, 벌집 및 문어 모양으로 칼집을 낸다.

3 팬에 식용유를 두르고 양파와 표고버섯을 볶는다. 양파가 투명해지면 파프리카를 넣고 소금과 후춧가루로 간을 한다.

> 소시지는 이미 간이 되어 있기 때문에 야채에만 소금 간을 해주시고요, 소시지를 넣을 거니까, 약간 싱겁게 해주세요.

4 칼집 낸 비엔나소시지를 넣고 볶는다. 소시지의 칼집이 벌어지면 불을 끄고 접시에 담는다.

초보 한마디!

마늘과 청양고추를 빼고 야채와 소시지를 볶다가 케첩 2스푼, 올리고당 1/2스푼, 참기름을 조금 넣고 볶아주면 새콤달콤한 "쏘야"가 됩니다.
참고로! 케첩을 넣은 쏘야를 만들 때는 소금으로 간을 하지 마세요!

조리시간 30분

집에서 즐기는 일본식 오뎅바!
꼬치어묵탕
066

모처럼 차가 안 막혀서 강변북로를 쌩쌩 달려 집에 왔는데, 이런, 남편이 야근을 한다네요.
우울한 제 마음을 알아주는 듯, 저녁 하늘도 추적추적 인상을 쓰고 있길래…
어묵탕과 따끈한 정종 한 잔을 준비하며 남편을 기다렸어요.
남편이 도착할 때가 됐는지, 집 안 공기가 포근해지는 느낌이에요.

주재료 | 어묵 1봉지(小자), 달걀 1개, 새우 2마리, 버섯(느타리, 팽이), 곤약, 당근, 쑥갓, 생선전 1~2조각
육수 | 멸치육수 2봉지, 무 1/4개, 청양고추 1개, 진간장 1~2스푼
소스 | 양조간장 1스푼, 식초 1스푼, 겨자

1 멸치육수 2봉지에 무 덩어리와 얇게 저민 청양고추를 넣고 끓인다.

국이나 찌개와 달리, 멸치육수에 물을 섞지 말고 진하게 끓여주세요.

2 어묵 한 개를 잘게 썰어 넣고 계속 끓인다.

3 달걀 1개를 삶으면서, 꼬치에 어묵을 끼우고 곤약을 꽈배기 모양으로 만든다. 당근은 야채 모양칼을 이용해 꽃 모양으로 썰고 버섯과 쑥갓을 씻어 놓는다.

곤약을 꽈배기 모양으로 만들기 어려우면 그냥 길쭉하게 썰어 넣어도 돼요.

4 냄비에 각종 재료를 예쁘게 담고 육수를 부어준 후, 진간장으로 싱겁게 간을 한다. 휴대용 레인지에 올려 끓이면서 먹는다. 양조간장 1스푼, 식초 1스푼, 겨자 조금을 섞어 소스를 만들어 찍어 먹으면 좋다.

재료를 끓이다 보면 짜질 수 있으니, 육수 간은 싱겁게 해주세요.

초보 한마디!

어묵을 오래 끓이면 끓일수록 어묵이 퍼지고 꼬치에서 빠지더라고요. 그렇다고 육수 만들 때 어묵을 안 넣고 끓이면 국물 맛이 안 나고! 그래서 연구한 것이 육수에 어묵을 잘게 썰어 넣어 국물을 우려내고, 꼬치에 낀 어묵은 끓이면서 먹는 거예요. 어묵을 잘게 썰어 넣으니까, 오래 끓이지 않아도 어묵 맛이 깊게 배이더라고요.
참고로 고추장, 고춧가루, 마늘을 2:1:1로 넣고 멸치육수로 개어서 양념장을 만들어 넣어주면, 얼큰한 어묵탕이 된답니다. 찌뿌둥한 날은 매운 어묵탕으로 땀을 쭉 흘려보세요!

조리시간 10분

손쉽지만 있어 보이는 술안주
감자전
067

김치전, 파전, 호박전 등 전이란 전은 죄다 좋아하는 남편을 위해 감자전을 부쳤습니다.
남편의 표현에 따르면, 무~척 고급스러워 보인다고 하네요.
10분이면 뚝딱 만들 수 있는 전이라는 사실을 평생 모르게 해야겠어요. ㅋㅋ

주재료 : 감자 2~3개, 밀가루 1~1.5국자, 다시가루, 식용유, 홍고추, 쑥갓
소스 : 양조간장 1스푼, 식초 1스푼, 물 1스푼, 설탕 1/2스푼, 쪽파 1/2줄기, 고춧가루 1티스푼

1 껍질 벗긴 감자를 믹서에 간다. 밀가루 1~1.5국자와 다시가루를 넣고 섞는다.

2 팬에 식용유를 듬뿍 두르고, 개어 놓은 반죽을 동그랗게 올려 굽는다.

3 전의 윗면을 홍고추와 쑥갓 잎으로 장식하고 앞뒤로 노릇노릇하게 굽는다.

4 양조간장 1스푼, 식초 1스푼, 물 1스푼, 설탕 1/2스푼, 쪽파 1/2줄기, 고춧가루 1티스푼을 섞어 소스를 만든다.

초보 한마디!

믹서기가 아닌, 도깨비 방망이를 이용한다면 주전자처럼 입이 뾰족한 그릇에 감자를 갈아주세요. 반죽을 물 따르듯이 조금씩 부어주면, 원하는 크기로 만들기 쉽거든요.

조리시간 15분

비 오는 날 오후, 바삭바삭한 김치전에 아이스커피 한 잔!

김치전
068

늦잠 자고 일어났더니, 모처럼 비가 오네요. 아침은 이미 지났고 점심 밥을 하자니 귀찮고, 비가 오니 '당연히' 전은 구워야겠고! 일어나자마자, 막걸리로 낮술을 할 수는 없잖아요. 앗! 그런데 먹어 보니 김치전에 아이스커피 은근 잘 어울리네요. 퓨전 브런치라고 생각하고, 김치전에 아이스커피를 한 잔 했어요.

주재료 | 김치 두 주먹, 밀가루 2국자, 김치국물 1국자, 물 1.5~2국자, 전분가루 1스푼, 식용유

1 김치를 손톱 크기로 잘게 썬다.

2 밀가루를 김치 양보다 20~30% 많이 넣고 물을 넣어 갠다.

3 전분가루를 1스푼 넣고 섞는다. 전분가루가 없으면 넣지 않아도 된다.

4 팬에 식용유를 듬뿍 두르고 반죽을 둘러 부친다. 윗면이 반 이상 익으면 뒤집어 뒷면을 굽는다.

초보 한마디!

집에 오징어가 있다면 잘게 다져 넣어주세요. 김치전과 오징어는 환상의 조합이랍니다. 오징어를 넣을 때 주의사항이라면, 오징어를 굵직하게 썰어 넣으면, 구울 때 오징어가 반죽에서 분리돼 떨어져 나오니까요. 꼭 잘게 다져서 넣어주세요!

조리시간 20분

외할머니가 좋아했던 부드러운 부침개

호박 부침개
069

치아가 별로 좋지 않았던 외할머니는 부침개를 참 좋아했어요.
엄마는 외할머니께서 계신 동안, 이틀이 멀다 하고 호박부침개를 부치셨죠.
그 덕에, 호박 부침개 하나는 어깨너머로 제대로 배울 수 있었답니다.
외할머니 표현대로 "보들보들 해서 꿀떡 넘어가는" 부침개를 소개합니다.

주재료 | 애호박 1개, 밀가루 2국자, 다시가루, 물 2~3국자, 식용유
양념 | 양조간장 1스푼, 식초 1스푼, 물 1스푼, 설탕 1/2스푼, 쪽파 1/2줄기, 고춧가루 1티스푼

1 호박을 가늘게 채썰어 소금을 살짝 뿌린다. 5분 정도 지나서 호박을 손으로 꼭 짜 물기를 뺀다.

2 물기 뺀 호박에 밀가루 2국자, 물 2~3국자를 넣고 섞으면서 다시가루로 간을 한다.

3 팬에 식용유를 듬뿍 두르고, 팬에 반죽을 얇게 편다. 윗면이 반 이상 익었을 때 뒤집어 노릇노릇하게 굽는다.

4 전을 찍어 먹을 소스를 만든다. 소스는 양조간장 1스푼, 식초 1스푼, 물 1스푼, 설탕 1/2스푼, 고춧가루 1티스푼에 쪽파 1/2줄기를 다져 넣어 만든다.

초보 한마디!

노릇노릇하게 전을 부치는 노하우를 전격 공개합니다.
첫 번째, 식용유를 듬뿍 쓴다는 것! 전의 테두리가 튀겨질 만큼 식용유를 둘러주세요.
두 번째, 올리브오일 같은 특유의 향이 있는 기름은 쓰지 마세요.
세 번째, 팬에 반죽을 가능한 얇게 펴주세요.

조리시간 40분

비 오는 날엔 역시 막걸리, 캬~
해물파전
070

봄을 타기 시작했어요. 가로수에 올라오는 연둣빛 잎을 보며 콩닥콩닥 설레다가도,
포근한 듯 차가운 바람결에 순간순간 울컥하네요. 심란한 마음에 갈피를 못 잡고 헤매다,
퇴근 무렵 내리기 시작한 봄비를 보고 파전에 막걸리 한 잔을 떠올렸어요.
남편! 우리 연애시절을 추억해봐요.

파전 재료 | 쪽파 1/2단, 해산물(오징어, 새우, 조개살, 홍합살 등), 달걀 1개, 밀가루 1국자, 다시가루, 물 2~3국자, 식용유
소스 | 양조간장 1스푼, 식초 1스푼, 물 1스푼, 설탕 1/2스푼, 쪽파 1/2줄기, 고춧가루 1티스푼

2인분

1 쪽파는 손바닥 길이로 썰고, 계란 1개를 풀어둔다. 해산물은 물에 헹군 후, 체에 받쳐 물기를 뺀다.

2 밀가루 1국자에 다시가루 1스푼을 넣고, 물에 묽게 갠다.

3 팬에 식용유를 두른 뒤, 반죽을 얇게 펴고 쪽파를 얹는다. 쪽파 위에 다시 밀가루 반죽을 묻힌다.

4 각종 해산물을 얹고 밀가루 반죽을 발라준 다음 달걀물을 부어준다.

5 약한 불이나 중불에서 서서히 굽다가 달걀물이 반숙 정도로 익으면, 해산물이 흐트러지지 않도록 조심히 뒤집는다. 앞뒤 모두 노릇노릇하게 굽는다.

6 전이 구워지는 동안 소스를 만든다. 소스는 양조간장 1스푼, 식초 1스푼, 물 1스푼, 설탕 1/2스푼, 고춧가루 1티스푼에 잘게 썬 쪽파를 섞어 만든다.

초보 한마디!

해산물을 물에 데쳐서 쓰면 굽는 시간이 단축됩니다. 단, 데친 해산물을 쓸 때는 해산물 데친 육수로 밀가루를 개어주세요. 데친 해산물을 쓰면, 전에서 해산물 맛이 줄어들거든요.

조리시간 15분

고소하면서도 파릇파릇한 맛
부추전
이기

남편은 전을 참 좋아합니다.
저 또한, 어려서부터 전이라면 자다가도 벌떡 일어날 만큼 좋아했던지라 비가 오면 비가 와서,
날이 좋으면 날이 좋아서, 이래저래 전을 부치는 일이 많네요.
오늘은 일주일 전에 사 놓은 부추가 냉장고에 남아 있다는 이유로 전을 부칩니다.

주재료 | 부추 1/2단, 청양고추 1~2개, 밀가루 2국자, 다시가루, 식용유
양념 | 양조간장 1스푼, 식초 1스푼, 물 1스푼, 설탕 1/2스푼, 쪽파 1/2줄기, 고춧가루 1티스푼

2인분

1 밀가루 2국자에 다시가루를 조금 섞고, 물 2~3국자를 넣어 걸쭉하게 갠다.

2 반죽에 새끼손가락 길이로 썬 부추와 다진 청양고추를 넣고 섞는다.

> 부추는 개기 좋은 밀가루에 빡빡할 만큼 많이 넣어주세요.

3 팬에 기름을 듬뿍 두르고, 반죽을 얇게 펴서 앞뒤로 노릇노릇하게 굽는다.

4 양조간장 1스푼, 식초 1스푼, 물 1스푼, 설탕 1/2스푼, 쪽파 1/2줄기, 고춧가루 1티스푼을 섞어 전을 찍어 먹을 소스를 만든다.

초보 한마디!

부추 씻기 참 어렵죠?
결혼 초, 멋모르고 부추를 헝클어 씻었다가 1시간 넘게 차곡차곡 정리만 했었죠. 그날 짜증이 나서 울면서 엄마한테 전화를 했었는데요. 부추는 씻는 법이 따로 있더라고요. 정리된 부추의 중간을 잡고, 흐르는 물에 뿌리 쪽을 씻은 후 반대로 돌려 잎 끝 쪽을 씻어주세요. 손으로 붙잡고 있는 것도 불안하다 싶을 때는 부추 살 때 묶여 있던 철사로 가운데를 고정하고 씻어주세요. 그래야만, 차곡차곡 정리하다 울음을 터트릴 일이 없답니다.

조리시간 30분

유러피안 스타일 안주와 시원한 맥주 한 잔

바질페스토 해산물볶음
072

맥주와 함께 먹을 안주를 찾다가 며칠 전 파리로 출장을 다녀온 동생이 알려준 안주가 떠올랐어요. 바로 올리브오일과 바질잎을 듬뿍 넣은 럭셔리한 해산물볶음인데요. 동생 말로는 프랑스에서 샹 쟈끄(Saint Jacque)라고 불리는 요리래요. 우리나라 말로 번역하면 관자 선생, 관자 씨 정도가 될까요?

주재료 | 관자 5~7조각, 새우 3~4마리, 양파 1/4개, 가지 1/4개, 호박, 피망, 방울토마토 5알
양념 | 올리브오일, 바질잎(혹은 바질가루, 바질페스토), 후춧가루, 소금

`2인분`

1 해산물은 새우와 관자를, 야채는 양파, 가지, 호박, 피망 등을 준비한다. 색의 다양함을 위해 방울토마토 혹은 붉은 파프리카도 준비한다.

2 팬에 올리브오일을 듬뿍 두르고 새우를 볶다가 새우의 표면이 붉어지면 양파와 호박, 가지를 순서대로 넣고 볶는다.

3 양파가 투명해지면, 관자를 넣고 볶는다.

4 관자가 흰색을 띠기 시작하면, 피망과 방울토마토를 넣고 볶는다. 마지막으로 바질잎 같은 것을 넣고 소금과 후춧가루로 간을 한다. 바질잎 대신 바질페스토를 쓴다면, 소금과 후춧가루는 넣지 않아도 된다.

> 관자는 오래 익히면 오징어처럼 질겨지니까요, 관자 전체가 흰색으로 바뀌면 요리를 마무리해 주세요.

초보 한마디!

바질은 봄철 허브를 파는 꽃집이면 어디서든 구할 수 있는데요. 화분을 하나 장만하면 1년 내내 카프레제 샐러드, 파스타, 나폴리 피자 등을 만들어 먹을 수 있어요.
특히, 잘 키우면 가을에 씨앗을 수확할 수 있으니 한 번만 사면 평생 바질을 키울 수 있을지도 모르겠네요.

조리시간 30분

남은 재료를 활용한 요리

일본식 돼지고기 야채볶음
073

먹다 남은 야채와 삼겹살, 요리를 하기도 그렇고 버리기도 그렇고 정말 처치 곤란인데요.
이럴 때 손쉽게 할 수 있는 요리, 바로 일본식 돼지고기 야채볶음입니다.
자투리 재료라고 하기엔 근사한 요리가 탄생할 거예요.

주재료 | 냉장고에 있는 각종 자투리 야채 및 돼지고기(혹은 새우, 오징어, 조갯살 등), 숙주(혹은 콩나물) 한 주먹, 마늘 1톨, 식용유, 후춧가루 **양념** | 진간장 2스푼, 미림(혹은 먹다 남은 소주) 2스푼, 물 2스푼

2인분

1 진간장, 미림을 동일 비율로 섞어 소스를 만든다. 싱겁게 먹고 싶다면, 물도 동일 비율로 넣는다.

2 팬에 식용유를 두르고, 얇게 저민 마늘을 넣고 볶는다. 기름에 마늘 향이 묻어나면 돼지고기를 넣고 볶는다.

3 고기가 반쯤 익으면, 굽기를 멈추고 준비한 소스에 재운다.

4 냉장고에 숨어 있는 자투리 야채를 모두 꺼내 씻은 후, 먹기 좋게 썬다. 특히 숙주(혹은 콩나물)를 넣으면 맛있다.

5 팬에 식용유를 두르고, 익어야만 먹을 수 있는 야채를 우선적으로 넣고 볶는다.

야채 볶는 순서는 '034 돼지고기 고추장찌개'를 참고하세요.

6 재워 놓은 돼지고기와 소스를 붓고 볶다가 후춧가루를 솔솔 뿌려준다. 방울토마토 같은 과일을 넣어도 좋다.

초보 한마디!

돼지고기 말고 먹다 남은 새우, 오징어, 조갯살, 홍합살 등 해산물을 넣고 볶으면 '일본식 해산물 야채볶음'이 된답니다.

조리시간 30분

새콤 달콤 매콤! 여름철 최고의 맥주 안주
골뱅이무침
074

주말 저녁, 심야 영화를 보고 돌아오는 길! 영화를 너무 집중해서 봤는지 출출하니 배가 고프더라고요. 돌아오는 길에 치맥을 할까 하다가, 집에서 조용히 영화를 곱씹어 보고 싶어 골뱅이 통조림과 캔맥주를 사서 집으로 달려왔는데요. 남편과 둘다 어찌나 맘이 급했던지, 현관문을 들어서자마자 옷도 안 갈아입고 요리를 시작했답니다.

주재료 | 골뱅이 1캔(小자), 대파 1줄기, 양파 1/2개, 오이 1/2개, 홍고추 1개, 소면 1인분, 통깨
양념 | 고추장 1스푼, 고춧가루 1스푼, 설탕 1스푼, 참기름 1스푼, 식초 3스푼, 골뱅이 국물 1/2캔, 다진 마늘 1티스푼, 청양고추 1/2개

2인분

1 끓는 물에 소면을 삶아 물에 씻은 후, 동그랗게 말아 채반에 받쳐 놓는다.

2 양파, 대파, 홍고추를 가늘게 채썰고 오이는 어슷썬다. 골뱅이는 먹기 좋게 반씩 잘라준다.

3 고추장, 고춧가루, 설탕, 참기름을 동일 비율로, 식초는 고추장의 3배 정도 넣는다. 입맛에 맞게 다진 마늘과 다진 청양고추를 넣고 골뱅이 통조림에 있는 육수를 반쯤 붓고 섞는다.

4 양념에 골뱅이와 야채를 넣고 버무린다. 접시에 골뱅이무침을 담고 소면을 올린 후, 통깨를 뿌려준다.

초보 한마디!

소면 삶는 노하우 공개합니다.
첫째, 끓는 물에 소면을 넣는다.
둘째, 거품이 훅 하고 올라올 때, 밥 한 공기 분량의 찬물을 붓는다.
셋째, 다시 부글부글 물이 끓으면 국수를 조금 건져서 먹어본다.
넷째, 면이 잘 삶아졌으면, 흐르는 물에 살살 비벼 헹군다.
다섯째, 동그랗게 말아 채반에 받쳐 물기를 뺀다.

조리시간
1시간 30분

여름철 MT 술안주로 최고!
닭백숙 부추무침
075

닭백숙 부추무침은 회사 워크숍에서 선배님이 만들어줬던 안주인데요.
볼품이 없는 것 같으면서도 있어 보이고, 맛이 없을 것 같으면서도 계속 먹히는 안주랍니다.
남편도, "요거 먹을수록 손이 가네"라고 말하면서 계속 먹더라구요~

주재료 | 영계 1마리(토종닭의 경우 1/2마리), 부추 1/2단, 양파 1개, 대파 1/2개, 청양고추 1개, 통마늘 5톨
양념 | 다진 마늘 1스푼, 참기름 1~2스푼, 맛소금, 후춧가루

2인분

1 닭을 물에 씻은 후, 냄비에 닭이 잠기도록 물을 넣고 삶는다.

영계계닭과 토종닭 삶는 법은 '027 초계탕'을 참고하세요.

2 중불로 삶다가 거품이 올라오면 모두 걷어낸다. 거품과 기름을 걷어 국물이 맑아지면 큼지막하게 썬 양파, 대파, 청양고추, 마늘을 넣고 약불에서 푹 삶는다.

3 다 익은 닭을 건져내 뼈와 살코기를 분리한다. 살코기에 맛소금, 후춧가루, 참기름, 다진 마늘을 넣고 간을 한다.

4 부추를 씻어서 2등분 한 후, 물에 데친다. 익은 부추를 맛소금과 참기름을 넣고 버무린다.

5 접시에 버무린 부추를 깔고, 그 위에 양념한 닭고기를 올린다.

6 닭을 삶은 육수를 그릇에 담고, 어슷썬 대파를 넣고 맛소금과 후춧가루로 간을 한다.

초보 한마디!

닭고기에 양념을 하면서 너무 많이 주물럭거렸더니 고기가 가루가 됐네요.
뼈와 살코기를 분리한 다음부터는 살살 만져주세요.

조리시간
30분

새콤한 부추와 아삭한 콩나물에 싸먹기
훈제오리 부추무침
076

엄마가 마트에서 훈제오리를 한 상자 사서 반을 나눠 주셨습니다.
처음엔 삼겹살처럼 구워 먹기만 해도 맛있다더니만, 금세 질렸는지 이제는 구워서는 안 먹게 되네요.
굽지 않고 먹을 수 있는 방법을 찾다가, 훈제오리 부추무침을 해먹기로 했습니다.

주재료 | 훈제오리 로스 10조각, 부추 1/2단, 깻잎 5~7장, 오이 1/2개, 쑥갓, 홍고추 1/2개, 청양고추 1개, 콩나물 한 손 가득, 소금 **국물소스 재료** | 고춧가루 1스푼, 다진 마늘 1/2스푼, 매실액 2스푼, 식초 2스푼, 멸치액젓 1/2스푼, 참기름 1/2스푼, 통깨

1 콩나물은 다듬어 씻은 후, 끓는 물에 소금을 조금 넣고 삶는다. 삶은 콩나물은 찬물에 헹군 다음 체에 걸러 물기를 빼준다.

2 부추와 쑥갓은 새끼손가락 길이로, 깻잎은 가로로 길쭉하게 썰고 오이와 홍고추, 청양고추는 어슷썬다.

3 고춧가루 1스푼, 다진 마늘 1/2스푼, 매실액 2스푼, 식초 2스푼, 멸치액젓 1/2스푼, 참기름 1/2스푼, 통깨 조금을 넣고 양념을 만든다.

4 야채에 양념을 뿌려 버무린다.

5 훈제오리를 0.5cm 두께로 썰어 구운 후, 손가락 굵기로 채썬다.

6 접시에 부추무침을 담고, 가운데 콩나물을 올린 다음 그 위에 훈제오리를 담는다.

조리시간 15분

양식요리에 잘 어울리는 초간편 샐러드
시금치 샐러드
077

양식코스를 준비하면서, 에피타이저로 시금치 샐러드를 올렸는데요.
엄마랑 여동생이 무척 좋아하더라고요.
여자들에게는 역시 샐러드가 인기 메뉴!
요렇게 쉬우면서도 예쁜 모양의 요리가 완성될 때의 뿌듯함이란!

주재료 | 시금치 1/2단, 베이컨 2장, 방울토마토 5알, 잣 15~20톨
소스 | 올리브오일 2~3스푼, 발사믹 식초 2~3스푼

2인분

1 시금치 뿌리를 자르고 잎을 하나씩 떼어 씻은 뒤, 접시에 가지런히 놓는다.

2 팬에 잣을 노릇노릇하게 굽고, 이어 잘게 썬 베이컨을 굽는다.

팬에 기름을 두르지 마시고 볶아주고, 잣에 베이컨 향이 배지 않도록 잣을 먼저 구워주세요.

3 정돈된 시금치 위에 구운 잣과 베이컨을 송송 뿌린다.

4 마지막으로 방울토마토를 반으로 잘라 장식하고, 올리브오일과 발사믹 식초를 동일비율로 섞어 뿌린다.

초보 한마디!

봄철에는 잣과 베이컨, 방울토마토 대신 쿠르통과 딸기를 올려 만들어도 맛있는데요. 쿠르통은 1~1.5cm 정사각형 모양으로 자른 식빵을 올리브오일(혹은 식용유, 버터) 두른 팬에 노릇하게 구워준 후, 파슬리 가루를 솔솔 뿌려 만들어요. 먹다 남은 식빵이 있다면, 버리지 말고 쿠르통을 만들어 두면 활용도가 좋답니다.
자! 시금치에 쿠르통과 딸기를 반으로 잘라 얹은 후, 소스를 뿌려주면 맛있는 봄철 시금치 샐러드 완성.

조리시간 10분

10분이면 완성하는, 모양도 맛도 럭셔리한 술안주

발사믹 버섯샐러드
078

갑작스럽게 찾아온 주말 근무에 '워킹와이프는 힘든 거구나'라고 생각하며 퇴근을 했더니, 센스만점 남편이 제 동생을 초대해 조촐한 홈파티를 하자는 거예요. 역시, 힘들 때는 가족의 위로가 최고죠! 그동안 고이 모셔뒀던 코냑을 뜯으며 어떤 안주가 어울릴까 고심하다가, 담백하게 먹을 수 있는 버섯 안주를 택했답니다.

주재료 | 각종 버섯(새송이, 양송이, 표고 등) 한 주먹씩, 마늘 5톨, 상추(혹은 새싹) 2~3장, 잣(혹은 땅콩, 아몬드 등 견과류) 10톨   **양념** | 발사믹 식초 2~3스푼, 올리브오일, 후춧가루, 소금

1 버섯을 한 입씩 먹기 좋게 썰고, 마늘은 얇게 저민다. 상추는 채썰고, 잣은 잘게 다져 놓는다.

2 팬에 올리브오일을 듬뿍 두른 후, 마늘을 볶는다.

3 올리브오일에 마늘 향이 묻어나면, 버섯을 넣고 볶으면서 소금과 후춧가루로 간을 한다. 마지막으로 발사믹 식초 2~3스푼을 넣고 볶는다.

4 접시에 버섯을 담고, 다진 잣을 솔솔 뿌려준 뒤 채썬 상추를 올려주면 끝.

> 발사믹 식초에도 짠맛이 있으니 소금간은 심심하게! 새콤한 게 좋으면 발사믹 식초를 더 많이!!

초보 한마디!

간단한 샐러드지만 요리 팁을 하나 드립니다.
버섯은 오래 익히면 수분이 빠져 나와 식감이 좋지 않으니까요. 볶기 전에 발사믹 식초, 올리브오일, 후춧가루, 소금 등 양념으로 쓰는 재료를 모두 싱크대 위에 준비해 주세요. 초보는 양념 찾는 데만 반나절이라고들 하잖아요.^^;;
자! 팬에 버섯을 넣고부터는 주걱으로 1~2번 저으면서 후다닥 양념을 넣어주세요. 그리고 재빠르게 불을 꺼주시고요.

조리시간 10분

오리엔탈 드레싱과 잘 어울리는 야채 샐러드
상추 샐러드
079

주변 지인들에게 시금치 샐러드를 소개하면, '시금치도 샐러드로 먹는구나'라는 말을 많이 하는데요. 오늘은 시금치처럼 샐러드로 먹을 것 같지 않은 야채, 상추를 소개합니다. 상추는 의외로 오리엔탈 드레싱하고 궁합이 잘 맞는답니다. 삼겹살 먹고 남은 상추가 있다면, 샐러드로 만들어 식탁에 올려보세요.

주재료 | 상추 10장, 방울토마토 3~5알, 오이   **오리엔탈 드레싱 |** 양조간장 1스푼, 식초 1스푼, 올리고당 1스푼, 올리브오일 1/2스푼, 참기름 1/2스푼, 갈은 깨 1/2스푼, 마늘즙 1/2스푼

1접시

1 오리엔탈 드레싱을 만든다. 양조간장 1스푼, 식초 1스푼, 올리고당 1스푼, 올리브오일 1/2스푼, 참기름 1/2스푼, 갈은 깨 1/2스푼, 마늘즙 1/2스푼을 넣고 섞는다. 이때, 취향에 따라 마늘즙은 생략해도 된다.

2 상추는 손가락 두께로 채썰고, 오이는 어슷썰어 접시에 담는다. 방울토마토를 반으로 잘라 장식한다.

오리엔탈 드레싱은 많은 양을 만들어 병에 담아 놓고 쓰면 좋아요.

3 준비한 오리엔탈 드레싱을 뿌린다.

초보 한마디!

상추는 칼로리가 낮고 포만감이 높아, 다이어트에도 좋답니다.
다이어트할 때, 상추 샐러드를 만들어 보세요. 단, 다이어트를 할 때는 드레싱에서 올리고당을 빼는 게 좋겠죠?
앗! 올리고당을 빼도 드레싱이 맛있어서 상추 샐러드가 계속 먹힌다면! 드레싱을 뿌리지 말고 상추만 드세요~ 다이어트는 고난의 길. ㅠㅠ

남편 회사 동료들을 초대한 첫번째 집들이.
엄마가 도움을 주러 올 때까지 울면서 전을 부치던 초보주부였지만!
양가 부모님과 회사 동료, 친구들 집들이를 거쳐
나름 중급 주부로 성장하게 됐습니다.

남편아~ 솜씨 좀 발휘해 볼까?

03

잔칫상 폼나게 차리기

조리시간
1시간 40분

부모님 생신상 기본 메뉴 미역국 맛있게 끓이기
소고기 미역국
080

생일상엔 역시 미역국이 빠질 수 없죠!
같은 미역국이라 하더라도 정성에 따라 그 맛이 천차만별!
시어머님 생신을 맞아, 정성껏 소고기 미역국을 끓여 흰 쌀밥과 함께 상을 차렸답니다.

주재료 | 소고기(양지머리) 1근, 마른 미역 국대접으로 1그릇 분량(혹은 10인분 1봉지), 국간장 1.5~2국자   10인분

1 양지머리 1근을 반나절 정도 물에 담가 핏기를 뺀다.

2 큰 냄비에 핏물이 빠진 소고기를 넣고 3리터 정도 물을 부은 후, 중불에서 끓인다. 거품과 기름을 국물이 맑아질 때까지 걷어내고 맑은 국물이 되면, 불을 가장 약하게 줄이고 1시간 이상 푹 고아준다.

3 소고기를 끓이는 동안 국대접 1그릇 정도 분량의 마른 미역을 30분 정도 물에 담가 불린다. 잘 풀어진 미역은 물에 살살 비벼 3~4번 헹궈준 후, 먹기 좋은 크기로 썬다.

4 푹 고아진 고기를 건져내, 결대로 찢은 후 국간장 1스푼을 넣고 조물조물 버무린다.

> 고기를 너무 가늘게 찢으면 부서지니까 숟가락 두께로 찢어주세요.

5 냄비에 간을 한 소고기와 먹기 좋게 썬 미역을 넣는다.

6 약한 불에서 30분 이상 푹 끓이면서 국간장으로 간을 맞춘다.

초보 한마디!

생신 전날 미역국을 끓여놓고, 식혀서 냉장고에 넣어두면 기름이 굳어서 노란 막이 생기는데요. 노란 막(기름)은 손으로 건져내 주세요. 소고기 기름은 몸에 좋지 않다고들 하니까요. ^^

양지머리 육수에 삼색 고명을 얹은 새해 음식

떡국
081

조리시간 2시간 30분

12월 31일, 보신각 '제야의 종소리' 타종 행사!
태어나 처음으로 보신각 타종 행사에 참석했다는 남편은 기대한 것보다 시끌벅적하지 않아서,
새해 기분을 마음껏 만끽하지 못한 모양이에요.
시무룩한 남편의 아쉬움을 달래 보려, 1월 1일 떡국을 준비했어요.

주재료 | 소고기(양지머리) 1/2근, 가래떡 4인분, 대파 1/2줄기, 다진 마늘 1티스푼
양념 | 국간장 2~3스푼, 미원 **고명** | 고기(소고기 1/2근, 국간장 1/2스푼, 쪽파 1/2줄기, 다진 마늘 1/2티스푼), 버섯(표고버섯 3~4개, 국간장 1/2스푼, 쪽파 1/2줄기, 다진 마늘 1/2티스푼), 계란(달걀 2개, 소금, 식용유)

4인분

1 반나절 정도 물에 담가 핏기를 뺀 양지머리 1/2근을 냄비에 넣고 중불에서 끓인다. 거품이 올라오면 기름과 함께 맑아질 때까지 걷어내고, 맑은 국물이 되면 불을 가장 약하게 줄이고 1시간 30분 이상 푹 고아준다.

2 푹 고아준 고기를 꺼내 결대로 찢은 후 국간장과 다진 쪽파, 다진 마늘을 넣고 조물조물 버무린다.

3 표고버섯을 0.3~0.5cm 두께로 썰어 데친 후, 고기 고명과 같이 양념한다. 마늘 향이 싫은 경우, 팬에 넣고 볶는다. 이때 기름은 두르지 않는다.

4 달걀 지단을 부친다. 달걀 2개를 흰자와 노른자로 분리한 다음, 소금으로 간을 해 풀어준다. 팬에 식용유를 조금 두르고 흰자와 노른자 푼 것을 각각 부친 다음 채썬다.

5 고기를 삶은 육수에 썬 가래떡 4인분을 넣고 끓이다가, 어슷썬 대파와 다진 마늘을 넣고 국간장으로 간을 한다. 마지막에 미원을 아주 조금 넣는다.

가래떡은 취향에 따라 쫄깃한 정도가 다르니 원하는 식감만큼 끓여주세요.

6 그릇에 떡국을 담고 준비한 고명을 올린다.

구운 김이 있다면 잘게 부셔서 뿌려도 좋아요.

초보 한마디!

떡국에 간을 하고 나서 맛을 보면 왠지 모르게 씁쓸한 맛이 날 거예요. 그럴 때는 미원을 새끼 손톱 반만큼 아주 조금 넣어주세요. 조미료 넣은 음식을 싫어해서, 평소에는 조미료를 넣지 않는데요. 이상하게도 양지머리 떡국에는 미원을 조금 넣어야만 맛이 난답니다.

조리시간
1시간

잔칫상에 빠지지 않는 인기 메뉴
잡채
082

잡채는 잔칫상에 빠지지 않는 단골 메뉴지만, 왠지 모르게 손이 많이 가고 복잡할 것만 같아 초보 주부에게는 '기피대상 1호'라죠. 그래서 준비했습니다. 엄마한테 전수받은, 쉽게 그리고 맛있게 잡채를 만드는 방법 알려드릴게요. 앞으로는 두려워하지 마세요.

주재료 | 당면 300g 1봉지, 돼지고기(잡채거리) 1/2근, 양파 2개, 피망 2개, 파프리카 1개(혹은 당근 1/2개), 석이버섯 5~7조각 **양념** | 진간장 3~4국자, 설탕 1국자, 소금, 후춧가루, 식용유

10인분

1 잡채용으로 썬 돼지고기 1/2근에 양파와 피망 각 2개씩, 파프리카 1개, 석이버섯 5~7조각을 준비한다. 야채는 돼지고기 두께로 채썰고, 석이버섯은 물에 불린다.

2 팬에 식용유를 두르고, 양파 → 피망 → 파프리카 → 석이버섯 → 고기 순으로 각각 볶는다. 볶으면서 소금과 후춧가루로 간을 한다.

돼지고기는 팬에 기름을 두르고 볶다가 뚜껑을 닫고 푹 익혀주세요.

3 볶은 재료를 쟁반에 담아 식힌다.

4 끓는 물에 당면을 넣고 삶는다. 삶은 당면은 차가운 물에 비벼서 헹군 후, 체에 받쳐 물기를 뺀다.

당면이 삶아지면서 물을 많이 흡수하니까, 큰 냄비에 물을 가득 담고 삶아주세요.

5 중불에 깊이감 있는 팬을 올리고, 식용유를 두른 후 물기 뺀 당면을 넣고 3~4번 뒤적이며 볶는다. 이어, 진간장과 설탕으로 간을 한다.

당면이 간장을 흡수해 완성하고 나면 싱거워지니까, 처음에는 약간 짭조름하게 간을 하세요.

6 진간장과 설탕을 고루 섞어주고, 볶아놓은 재료(피망과 파프리카 제외)를 넣고 볶는다. 팬의 불을 끈 상태로, 참기름과 후춧가루를 넣는다. 상에 내가기 직전에 피망과 파프리카를 섞는다.

피망과 파프리카를 뜨거울 때 당면에 넣으면, 색이 나빠집니다. 상에 내가기 전이나 잡채가 식은 다음에 넣어주세요.

초보 한마디!

당면은 '자른 당면과 안 자른 '일반 당면' 두 종류가 있는데요, 각각 장단점이 있답니다.
자른 당면은 삶는 시간이 짧은 대신, 어중간한 길이로 접시에 예쁘게 담기 어렵고요, 일반 당면은 삶는 시간이 긴 대신, 원하는 길이로 자를 수 있지요. 저는 일반 당면을 선호합니다.

조리시간
1시간

부모님을 위한 뜨끈한 전골 요리
불낙전골
083

어버이날을 맞아 양가 부모님을 모시고 식사를 했습니다.
남편이나 저나 부모님이 차려준 밥상만 받다가, 처음으로 부모님을 위해 요리를 해보는 거라서요.
욕심을 내서 이것저것 많이 해보려 애 좀 썼지요.
저희가 서로 만날 수 있도록 낳아주시고 길러주신 양가 부모님께 감사 드립니다.

주재료 | 불고기, 낙지, 무 1/4개, 각종 버섯(느타리 1/2팩, 표고 5~7개, 팽이 1봉지), 양파 1개, 대파 1줄기, 당근 1/2개, 쑥갓 한 주먹, 청양고추 1개, 바지락조개(혹은 모시조개) 7~10개, 멸치육수 2봉지(혹은 물) 4인분
불고기재료 | 소고기(불고기거리) 1/2근, 양파 1개, 배 1/4쪽, 마늘 2~3톨, 콜라 1/4컵(혹은 설탕 1/2스푼+청주), 진간장 2~3스푼, 참기름 1/2~1스푼, 후춧가루
낙지재료 | 낙지 2~3마리, 고추장 1스푼, 고춧가루 1/2스푼, 매실액 1/2스푼, 다진 마늘 1/2스푼

1 소고기 1/2근에 양파 1개, 배 1/4쪽, 마늘 3톨, 콜라 1/4컵을 믹서로 갈아 넣고 진간장 3스푼, 참기름 1스푼, 후춧가루를 조금 넣고 버무린다. 재운 소고기는 냉장고에서 반나절 이상 숙성시키는 것이 좋다.

2 고추장 1스푼, 고춧가루 1/2스푼, 매실액 1/2스푼, 다진 마늘 1/2스푼을 넣고 양념장을 만든 후, 낙지 2~3마리를 넣고 재운다.

낙지를 살짝 데친 후에 재워야 양념이 잘 배인다고 하는데요, 전골 준비하면서 생낙지를 10분 정도만 재워도 무관하더라고요.

3 전골냄비 바닥에 나박썬 무를 깔고, 그 위에 방사형으로 야채를 얹는다. 얇게 썬 청양고추는 고루 뿌려준다.

4 냄비 가운데 불고기와 낙지를 올리고, 바지락조개를 넣어준 다음 멸치육수를 야채가 반쯤 잠기게 붓는다.

쑥갓 재료를 마주보게 놓으면 모양이 예뻐요.

5 뚜껑을 닫고 중불에서 끓이다가 끓는 소리가 들리면 뚜껑을 열고 남은 멸치육수를 야채가 잠길 만큼 부어준다. 이때, 싱거우면 소금을 넣어 간을 한다.

6 육수가 다시 끓으면, 쑥갓과 팽이버섯을 올리고 홍고추로 장식한 다음 뜸을 들인다.

국물을 국자로 떠서 전골냄비 가운데와 테두리 국물을 섞어주면 좋아요.

조리시간 40분

집들이 음식 단골 메뉴
훈제오리 무쌈말이
084

포털 사이트에서 '집들이 음식'을 검색하면, 제일 많이 나오는 것이 무쌈말이가 아닐까 싶습니다. 남편 회사 동료들 집들이를 할 때, 평이 좋았던 기억이 나서요. 어버이날 상을 준비하면서 부모님들께도 선보이고 싶어서 준비했습니다.
남편! 하루 종일 돌돌 마느라 고생이 많았어요~

주재료 | 무쌈용 무 1팩, 훈제오리 한 손 가득, 색깔별 야채(오이, 당근, 팽이버섯 혹은 새싹, 파프리카, 팽이버섯), 깻잎 **소스** | 허니 머스터드소스

1 오이, 당근, 팽이버섯 등 색깔별 야채를 채썰고, 무쌈용 무는 물기를 꼭 짠다. 팽이버섯은 전자레인지에 10초 정도 돌려서 숨만 죽여 놓는다. 집에 식초에 절인 깻잎이 있다면 함께 준비한다.

2 훈제오리는 0.2~0.3cm 정도로 얇게 썰어 증기로 찐다.

3 무쌈용 무 위에, 식초에 절인 깻잎을 얹고 색깔별 야채, 훈제오리를 순서대로 올린 다음, 위는 넓고 아래는 좁게 꼬깔콘 모양으로 무를 말아준다.

4 접시에 부채꼴 모양으로 담고, 가운데 시판 허니 머스터드소스를 담는다.

초보 한마디!

무쌈말이에 들어가는 훈제오리는 보통 팬에 구워서 기름기를 빼는데요. 집들이 음식은 손님이 오기 전에 미리 준비해 놓다 보니, 훈제오리를 팬에 구우면 뻣뻣하게 굳어서 먹기 나쁘더라고요. 그래서, 연구한 것이 수증기에 찌는 것! 이렇게 한다고 몇 시간 지난 후까지 굳지 않는 건 아니지만 팬에 굽는 것보다는 부드럽답니다.

조리시간 20분

특별한 날에 함께하기 좋은 에피타이저
치즈 버섯샐러드
085

지난 주말, 아빠 생신이었어요. 생신상을 손수 준비하고 싶긴 한데, 워낙 엄마가 요리를 잘해서 뭘 해야 하나 고민이 되더라고요. 고민 끝에, 엄마와 차별화 할 수 있는 양식을 준비하면서 식전에 먹을 수 있는 에피타이저로 버섯샐러드를 만들었답니다.

주재료 | 미니새송이버섯 1/2팩(혹은 새송이 2개), 홍고추 1/2개, 체다 치즈(혹은 고다, 베가, 파마산 치즈) 덩어리, 소금
소스 | 올리브오일 2스푼, 레몬 1/2개(혹은 식초 1스푼+설탕 1티스푼), 파슬리가루, 후춧가루, 소금

1 올리브오일 2스푼에 레몬 1/2개를 즙을 내서 섞고 파슬리가루, 후춧가루, 소금을 조금씩 섞어 소스를 만든다.

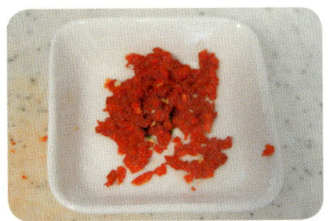

2 홍고추 1/2개를 잘게 다진다.

3 미니 새송이버섯 1/2팩 분량을 저민다.

> 큼직한 새송이버섯으로 만들어도 되지만, 미니 새송이버섯이 에피타이저로 더 예쁩답니다.

4 팬에 버섯을 앞뒤로 구우면서 소금을 뿌려 간을 한다. 팬에 기름을 두르지 않는다.

5 접시에 구운 버섯을 담고, 다진 홍고추를 솔솔 뿌린다.

> 버섯이 익으면서 버섯 위로 수분이 몰글몰글 올라오는데 수분을 제거하려 하지 말고 그대로 두면 버섯 향이 그득합니다

6 준비한 소스를 뿌리고, 마지막으로 체다 치즈를 얇게 깎아 뿌린다.

> 덩어리 치즈를 깎는 필러를 따로 판다고 하는데요, 무 깎는 필러를 이용해도 훌륭합니다.

조리시간 40분

스트레스를 한 방에 없애주는 느끼한 안주
감자그라탱
086

주부에게 있어 김장은 공포의 대상입니다. 특히 초보주부에게는 더더욱~ 작년에 이어 시댁에서 하는 두 번째 김장이지만, 여전히 두렵기만 하네요. 김장 앞두고 용기를 얻고자, 기분 좋게 느끼한 감자그라탱과 맥주 한 잔을 했습니다. 역시, 맛있는 것을 먹으니 긍정적으로! 이번 김장은 김치 명인보다 맛있게 만들 수 있겠는걸요.

주재료 | 감자 1~2개, 브로콜리 1개(줄기만), 모짜렐라치즈 두 주먹, 휘핑크림 1/4컵
베사멜 소스 | 버터 1스푼, 밀가루 1스푼, 양파 1/4개, 베이컨 2장, 우유 1/2컵, 휘핑크림 1/3컵, 소금, 후춧가루

1 감자와 브로콜리 줄기를 얇게 저며 끓는 물에 데친 후 건져 놓는다.

밀채칼로 이용하면 종이처럼 얇게 저밀 수 있어요.

2 약한 불에 버터를 녹인 후, 밀가루를 넣고 볶다가 다진 양파와 잘게 썬 베이컨을 넣고 볶는다. 우유 1/2컵과 휘핑크림 1/3컵을 넣고 밀가루 덩어리를 풀면서 소금과 후춧가루로 간을 해 베사멜 소스 완성.

3 그라탱 그릇에 베사멜 소스 → 데친 감자와 브로콜리 줄기 → 모짜렐라 치즈 순으로 2~3번 반복해 채운다.

4 제일 위에 휘핑크림을 뿌려주고 모짜렐라치즈를 덮어준 다음, 200℃로 예열된 오븐에서 15분 정도 굽는다. 오븐에서 꺼내 파슬리가루를 솔솔 뿌려주면 끝.

초보 한마디!

베사멜 소스는 클램 차우더 스프와 크로크뮈슈&마담 등 서양 요리에서 자주 등장하는데요. 다른 조리법은 다 이해가 되는데, 밀가루 볶는 부분이 이해가 안 되시죠? 저 또한 그렇습니다. 녹은 버터에 밀가루가 들어가자마자 금세 덩어리가 되어버리는데, 어찌 볶으라는 건지 도통 이해가 안 되었는데요.
여러 번 시행 착오 끝에 알게 된 방법은!
녹인 버터에 밀가루를 넣고 볶듯이 저어줍니다. 그럼 버터에 밀가루가 붙어서 몽글몽글한 덩어리가 생기는데요. 팬에 가루가 하나도 안 남고 전부 덩어리가 됐을 때가 볶아진 상태입니다. 덩어리가 생긴 후, 재빨리 조리하지 않으면 밀가루가 타서 갈색이 되니까요. 빨리 빨리 다음 단계로 넘어가 주세요.

조리시간
1시간 30분

손쉽게 만들 수 있는 제사 음식 만들기
꼬치전과 표고버섯전
087

얼마 전, 시외할머니 기일에 올렸던 제사 음식을 소개할게요. 저희 시어머님이 무남독녀라서 친정 '웬 시외할머니 제사인가' 궁금해 하시는 분들도 있을 텐데요. 저희 시어머님이 무남독녀라서 친정 어머니 제사를 모시더라고요. 시부모님이 맞벌이였던 타라, 남편은 외할머니 손에서 컸대요. 그래서 복날을 앞둔 더운 날이었지만, 남편과 함께 정성스럽게 전을 준비했어요.

꼬치전 재료 | 맛살 1팩, 쪽파 1/2단, 소고기(허벅지살) 1/2근, 가지 2개, 느타리버섯 1팩
표고버섯전 재료 | 표고버섯 20~25개, 새우 10마리, 양파 1/2개, 당근 1/3개, 두부 1팩(두부 1/2모), 참기름, 밀가루
공통 재료 | 달걀 2개, 소금, 후춧가루, 식용유

1 소고기, 맛살, 쪽파, 가지는 검지손가락 길이 및 두께로 썰고 소고기는 소금과 후춧가루를 뿌려 재워 놓는다. 느타리버섯은 끓는 물에 소금을 넣고 데쳐 찢는다.

2 준비된 재료를 이쑤시개에 알록달록 꽂는다.

3 달걀을 풀어 소금으로 간을 하고, 꼬치를 달걀물에 푹 담근다.

4 팬에 식용유를 두르고, 달걀물 입은 꼬치를 앞뒤로 노릇하게 부친다.

5 물기 뺀 두부에 양파와, 당근, 생새우를 잘게 다져서 넣고 참기름, 소금, 후춧가루로 간을 해 밀가루 반죽하듯이 치대 놓는다.

6 표고버섯 꼭지를 좌우로 흔들어 쏙 빼내고, 버섯 윗면에 십자(+)로 칼집을 낸다.

7 표고버섯 안쪽(꼭지를 뗀 곳)에 속재료를 꽉 채운다(약간 위로 올라올 만큼).

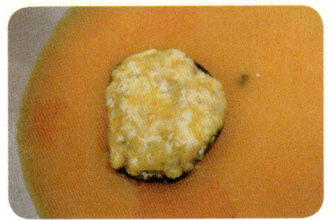

8 속재료를 채운 면에 밀가루를 묻히고, 달걀물에 담근 후 앞뒤로 노릇하게 굽는다.

조리시간
2시간

초보주부도 만들 수 있는
감자전/오징어 부추전/버섯전
088

집들이 할 때마다 해야 하나 말아야 하나 갈등하게 하는 메뉴가 바로 전! 집들이 때마다 깻잎전, 동그랑땡 등을 시 손은 많이 가고, 안 하자니 잔칫상에 뭔가 빠진 것 같고~ 도하다 엄마의 도움을 받기 일쑤였는데요. 그나마 손이 적게 가는 3종 세트를 찾아냈답니다. 어버이날 양가 부모님 식사를 준비하면서,

감자전 재료 | 감자 4개, 밀가루 1.5국자, 다시가루, 식용유, 홍고추, 쑥갓
오징어부추전 재료 | 오징어 1/2마리, 부추 1/2단, 청양고추 1개, 밀가루, 다시가루
버섯전 재료 | 느타리버섯 1팩, 표고버섯 1팩, 쪽파 1/2단, 달걀 2~3개, 소금, 후춧가루
소스 | 양조간장 1스푼, 식초 1스푼, 물 1스푼, 설탕 1/2스푼, 쪽파 1/2줄기, 고춧가루 1티스푼

1 껍질 벗긴 감자를 믹서에 간다. 밀가루 1.5국자와 다시가루를 넣고 섞는다.

편리하게 굽는 법은 "067 감자전"을 참고하세요.

2 팬에 식용유를 두르고, 반죽을 동그랗게 올린 후 윗면을 홍고추와 쑥갓 잎으로 장식한다.

3 오징어를 잘게 다지거나 믹서에 갈고, 부추는 씻어서 1/3은 잘게 썰고 2/3는 믹서에 간다. 취향에 따라 청양고추를 다져 넣는다.

4 재료에 밀가루를 되직하게 섞고, 다시가루로 간을 한다. 팬에 기름을 두르고 숟가락으로 적당량을 떠서 동그랗게 부친다.

5 느타리버섯은 데쳐서 가늘게 찢고, 표고버섯은 채썰고 쪽파는 새끼손가락 길이로 썬다. 재료에 달걀 2~3개를 풀어 섞고, 소금과 후춧가루로 간을 한다.

6 숟가락으로 적당한 양을 떠서 부친다.

초보 한마디!
여름에는 들기름 호박전(043 들기름 호박전 참고)을, 겨울에는 굴전을 곁들여도 좋아요. 굴전은 알이 큰 생굴에 어슷썬 대파와 홍고추를 넣고, 달걀을 풀어 섞은 다음 소금과 후춧가루로 간을 해주세요. 그리고 숟가락으로 굴 1개+대파 2조각+홍고추 1조각을 떠서 부쳐주면 끝.

조리시간 30분

유자청 소스를 얹은 새콤달콤 아삭아삭한 집들이 전문 메뉴

가지말이
089

집들이 요리라고 검색을 하면 제일 많이 나오는 것이 가지말이와 무쌈말이입니다. 둘 다 손쉬운 듯한데, 야채를 채썰고 한 땀 한 땀 말아주는 부분 때문에 시간이 많이 걸리거든요. 회사 동료 집들이 날, 고민 끝에 휴가까지 내고 도전했는데요. 가지말이 내가자마자 "파워블로거들이 하는 요리"라고 이구동성으로 외치더군요. 요즘 집들이 요리 대세는 역시 가지말이인가 봅니다.

주재료 | 가지 6~7개, 파프리카 3개, 부추 1/2단, 팽이버섯 2봉지, 당근 1개, 새싹 1팩, 돼지고기 (고추잡채용) 1/2근, 양파 1개, 마늘 1스푼, 후춧가루, 소금, (훈제오리, 닭고기 등)
소스 | 유자청 1스푼, 물 2~3스푼, 소금 1/2티스푼

2인분

1 색깔별 야채를 준비해. 가지 너비보다 조금 길게 채썬다. 팽이버섯은 살짝 데쳐 숨만 죽여 놓는다.

팽이버섯이 너무 익으면 가지에 말기 힘들어져요.

2 돼지고기를 마늘, 후추, 소금으로 재운 다음 채썬 양파와 함께 볶는다.

훈제오리, 닭가슴살 등을 잘게 썰어 이용해도 좋아요.

3 필러를 이용해 가지를 얇게 저민다.

4 팬에 가지를 굽는다. 그릴팬에 구워도 좋다.

팬에 기름은 두르지 마세요!

5 준비한 야채, 고기, 가지를 가지런히 담아 놓는다.

6 가지 1장에 부추, 파프리카, 돼지고기를 올리고 말거나, 훈제오리, 팽이버섯, 무쌈, 당근을 올려 말아준다. 접시에 담고 유자청 소스를 뿌린다.

색깔과 맛의 조화를 생각해서 가지에 말아주세요.

초보 한마디!

가지를 필러로 얇게 써는 방법을 알려 드립니다.
첫 번째, 씻은 가지를 한쪽 면이 평평하도록 도려낸 후, 대패질하듯이 동일한 힘을 주어서 위에서 아래로 밀어내면 되는데요, 약간 힘을 줘서 해야 잘 벗겨집니다. 필러에 가지가 눌려서 물이 살짝 나온다고 느낄 정도로요.
두 번째, 약간 덜 익었다고 생각할 만큼 딱딱한 가지를 구매해 주세요. 너무 익은 가지는 가운데가 스폰지처럼 푹신해서, 필러로 밀다 보면 죄다 찢어지더라고요.

조리시간
1시간

손쉽게 구할 수 있는 재료로 바삭바삭한 야채튀김 만들기

가지튀김&깻잎튀김
090

시부모님은 튀김을 참 좋아하십니다.
결혼 전엔 집에서 해먹는 튀김은 오징어와 새우뿐인 줄 알았는데,
고구마, 감자, 가지나 깻잎, 심지어 들깨순까지도 튀김옷을 입히면 맛있는 야채튀김이 되더라고요.
모처럼 일찍 퇴근한 기념으로 시어머님께 배운 야채 튀김을 해봤어요.

주재료 | 가지 1개, 깻잎 10장, 튀김가루 1.5~2국자, 얼음(혹은 얼음물), 식용유
소스 | 양조간장 1스푼, 식초 1스푼, 물 1스푼, 설탕 1/2스푼, 쪽파 1/2줄기, 고춧가루 1티스푼

2인분

1 가지를 0.5cm 두께로 도톰하게 썰어 튀김가루를 묻힌다. 깻잎도 앞뒤 골고루 튀김가루를 묻힌다.

2 차가운 물과 튀김가루를 1:2 정도의 비율로 섞어 걸쭉하게 갠다.

얼음을 띄울 경우, 얼음 양만큼 물의 양을 줄여 주세요.

3 팬에 기름을 듬뿍 넣고 약한 불에서 서서히 가열한 후, 튀김옷을 입힌 가지를 튀긴다.

기름을 약한 불에서 서서히 가열해야 연기가 나지 않아요.

4 앞뒤로 바삭하게 튀겨지면, 유산지에 올려 기름을 뺀다.

5 튀김가루를 묻혀 놓은 깻잎에 튀김옷을 입힌다.

젓가락을 이용하는 것보다 손으로 깻잎 꼭지를 잡고 재빠르게 튀김옷을 입히는 게 쉬워요.

6 팬에 넣고 튀긴다. 순식간에 튀겨지기 때문에 재빠르게 튀긴 후, 유산지에 올려 기름을 뺀다.

초보 한마디!
전을 굽거나 튀김을 할 때, 유산지에서 기름을 빼야 하잖아요. 유산지를 접시에 놓자니 접시 크기가 작아 켜켜이 쌓이는 전들의 기름이 빠질 것 같지 않고 전을 모두 담을 만큼 큰 쟁반은 없고 할 때 좋은 방법이 있어요. 바로! 찻상을 거꾸로 뒤집어서 안에 달력을 깐 다음 그 위에 유산지를 깔아 사용하는 거예요. 크기도 클뿐더러 전이나 튀김을 다 부치고 나면 다리를 손잡이 삼아 들 수도 있어서 편리하답니다.

조리시간
2시간

모짜렐라치즈를 얹은 파티음식으로 재탄생

두부김치
091

막걸리 안주라고만 여겨지는 두부김치!
카나페처럼 두부 위에 김치를 얹으면 또 다른 느낌의 멋진 요리가 됩니다.
특히, 한 조각씩 가져가 먹을 수 있다 보니 격식을 차려야 하는 손님이 왔을 때 내놓기 좋더라고요.
격식을 차려야 하는 손님이 딱히 없지만 말이죠. ^^;;

주재료 | 두부 1팩(두부 1/2모), 김치 한 주먹, 참치 1/2캔, 양파 1/4개, 모짜렐라치즈 한 주먹, 버터 2티스푼

1 팬에 버터 1티스푼과 다진 양파를 넣고 볶는다.

2 양파가 투명해지면, 채썬은 김치와 버터 1티스푼을 추가로 넣고 볶는다.

3 김치가 반쯤 익으면, 참치캔 살코기를 반 정도 넣고 볶는다.

참치 기름은 넣지 마세요.

4 두부를 두께 1cm 정도 도톰한 한 입 크기(3~4cm 정사각형)로 썬다. 고운 소금을 뿌려 간을 하고 팬에 식용유를 둘러 앞뒤로 굽는다.

5 구운 두부를 접시에 놓고 모짜렐라치즈를 얹는다.

6 치즈 위에 볶은 김치를 올리고 모짜렐라치즈를 1~2조각 올려준다. 식탁에 내기가 직전에 전자레인지에서 모짜렐라치즈가 녹을 만큼 데워준다.

초보 한마디!

집들이 할 때는 전자레인지에 데우기 전 상태로 랩을 씌워 뒀다가요. 손님이 집에 도착하면 전자레인지에 두부김치를 데워 내가세요. 김이 모락모락 나면서 모짜렐라치즈가 흘러내리는 모습에, 방금 구워온 줄 알고 탄성을 자아낼 거예요.

조리시간
1시간

피자를 좋아하는 엄마와 시어머님을 위한 요리
단호박 해물찜
092

피자를 좋아하는 부모님을 위한 단호박 요리예요.
결혼 전에 시어머님과 종종 피자를 배달시켜 먹었다는 남편의 말도 기억나고, 피자를 무척 좋아하는 엄마도 생각나서 준비했는데요. 양가 부모님 모두 접시에 꽃이 핀 줄 알았다고 칭찬을 하시더라고요. 반응이 좋으니까, 피곤한 줄도 모르겠네요.

주재료 | 단호박 1개, 각종 해산물(오징어, 새우, 홍합, 조개살, 관자 등) 호박 양의 반, 각종 야채(양파, 피망, 파프리카, 당근, 가지, 호박, 양송이버섯, 석이버섯, 양배추 등) 호박 양의 반, 가래떡, 식용유, 소금
양념 | 고추장 2스푼, 고춧가루 1스푼, 케첩 1스푼, 매실액 1스푼, 핫소스 1/2스푼(타바스코 등 시판 소스), 다진 마늘 1/2스푼, 설탕

2인분

1 각종 해산물과 야채를 둘이 합해 호박 크기만큼 준비한다. 해산물은 끓는 물에 살짝 데친다.

오징어는 동그랗게 말리도록 칼집을 내면 좋아요. ('093 중국식 해산물 야채볶음' 참고)

2 고추장과 고춧가루, 케첩, 매실액을 2:1의 비율로 넣고 다진 마늘과 핫소스를 고춧가루 반 정도 넣고 소스를 만든다. 단맛이 부족한 경우, 설탕을 조금 넣는다.

핫소스는 피자 배달시켜 먹고 남은 것을 보관했다가 쓰면 좋아요.

3 단호박을 냄비 찜판에 올리고 뚜껑을 닫고 5분 정도 찐다. 젓가락으로 단호박 꼭지 근처를 찔렀을 때, 젓가락이 들어가면 꺼내 상온에 두고 식힌다. 꼭지를 칼로 도려내고 속의 씨를 파낸다.

4 팬에 식용유를 두르고 야채를 볶다가, 양파가 투명해지면 해산물을 넣고 볶는다. 이어, 준비한 소스를 넣고 볶다 싱거우면 소금으로 간을 한다.

단호박 씨를 파낼 때 숟가락으로 바닥을 박박 긁으면 구멍이 뚫리기 쉬우니 조심하세요.

5 볶은 야채와 해산물을 속이 빈 단호박 안에 가득 채운다. 구멍을 모짜렐라치즈로 채워 덮고, 전자레인지에서 치즈가 녹을 만큼 데운다.

6 단호박을 꺼내 접시에 담고, 칼로 위에서부터 아래 4/5지점까지 잘라준다. 펼쳐진 단호박과 속재료에 모짜렐라치즈를 추가로 뿌려준 후 전자레인지에서 치즈가 녹을 만큼 데운다.

단호박을 3~4cm 간격으로 잘라주면 꽃게꽃 모양으로 펴져요.

조리시간 30분

손쉽지만 제법 폼나는 요리

중국식 해산물 야채볶음
093

이번에 소개할 요리는 결혼 전, 부모님을 위해 만들었던 요리입니다. 양가 상견례를 할 때까지도 못 느꼈는데, 막상 결혼식 날짜가 다가오자 라면 한 번 손수 끓여 드린 적 없이 결혼하는 것이 못내 아쉽더라고요. 더 미루다가는 정말 밥 한 끼 차려드리지 못하고 결혼하겠다 싶어 냉장고를 뒤지기 시작했답니다.

주재료 | 각종 해산물(오징어 1/2마리, 칵테일새우 10~15마리, 깐 홍합 1국자), 각종 야채(양파 1/2개, 표고버섯 2개, 양송이버섯 2개, 파프리카 1/2개, 호박 1/3개, 마늘 3~4톨, 시금치(혹은 청경채) 한 주먹, 고추기름, 식용유, 전분가루 1스푼, 물 1컵

소스 | 두반장 2스푼, 굴소스 1스푼, 케첩 1스푼, 식초 2스푼, 설탕 1스푼, 미림 1스푼

1 양파, 버섯, 파프리카, 호박은 먹기 좋은 크기로 썰고 마늘은 저민다. 시금치는 씻어서 반으로 쪼개 놓는다.

2 칵테일새우, 홍합살과 벌집 모양으로 칼집을 낸 오징어를 물에 데친 후, 오징어는 먹기 좋은 크기로 썬다.

3 두반장 2스푼, 굴소스 1스푼, 케첩 1스푼, 식초 2스푼, 설탕 1스푼, 미림 1스푼을 넣고 소스를 만든다.

4 중불에 팬을 올리고 고추기름과 식용유를 반씩 섞어 듬뿍 두른 후, 마늘을 볶는다. 기름에 마늘 향이 묻어나면 양파 → 호박 → 버섯 → 파프리카 순으로 넣고 볶는다. 이어, 소스를 넣고 간을 맞춘다.

야채를 넣고 1~2번 주걱으로 휘젓고, 다음 야채를 넣고 볶는 식으로 빨리 진행해 주세요.

5 해산물을 넣고 볶다 물 1컵을 붓는다.

6 물에 풀어놓은 전분을 넣으며 농도를 맞춘다. 불을 끄고, 시금치를 넣고 뜸을 들인다.

청경채를 준비했다면, 팬의 불을 끄지 말고 뚜껑을 맞춘 다음 넣어 숨을 죽이세요.

초보 한마디!

오징어는 껍질을 벗겨 벌집 모양으로 칼집을 내야, 익으면 동그랗게 말리는데요. 칼집은 바로 껍질 반대쪽, 즉 내장이 들어 있던 안쪽에 내야 합니다. 만약, 껍질이 있는 쪽에 칼집을 낸다면 동그랗게 말리지도 않고 오징어에 이상한 실선이 생기는 정도로 끝난답니다.

조리시간 3시간

생강과 파 향이 어우러진 담백하면서 탱글탱글한 생선찜

광동식 우럭찜
094

시어머님이 생선을 좋아하셔서, 생신상에 도미찜을 올리기로 마음을 먹었는데요. 생선가게에 갔더니, 여름철에는 도미가 잘 나오지도 않고 가격도 비싸다며 우럭을 추천하더라고요. 우럭으로 뭘 해야 할지 몰라서 우물쭈물하다, 엄마한테 광동식 우럭찜 레시피를 얻었어요. 엄마가 간단하게 설명을 해줬지만, 생선 요리는 초보한테 어렵네요.

주재료 | 우럭 2마리, 대파 2줄기, 생강 3~4덩어리, 홍고추 2개, 마늘 15톨, 정종 2컵, 진간장 1/2컵
소스 | 진간장 2스푼, 굴소스 1/2스푼, 정종 2스푼, 올리고당 1스푼, 핫페퍼(이태리 건고추) 4~5개, 생강 1덩어리　**기름소스 |** 올리브오일 4~5스푼, 핫페퍼 4~5개, 마늘 3톨

4~5인분

1 대파 1줄기와 홍고추 2개를 가늘게 채썰고, 대파 1줄기는 4~5등분으로 토막 낸다. 생강은 모두 얇게 저민다.

2 꼬리와 주둥이를 살린 채 손질한 우럭을 사선으로 칼집을 낸다. 칼집 낸 곳에 저민 생강을 끼운다. 생선 뱃속에는 토막 낸 대파와 통마늘을 채워 넣는다.

생선가게 아저씨에게 레시피를 설명해주지 않으면 주둥이와 꼬랑지가 댕강 잘릴지도! (위의 생선처럼요.)

3 정종 1컵과 진간장 1/2컵을 섞은 후, 우럭을 1시간 정도 재운다. 10분에 한 번씩 앞뒤로 뒤집어준다.

4 냄비에 물 1컵과 정종 1컵을 섞어 넣고, 찜용 채반에 재운 우럭을 올린다. 우럭 위에 대파를 올리고 20~30분간 찐다. 찌는 중간에 우럭을 한 번 뒤집어준다.

5 물 1/2컵에 진간장 2스푼, 굴소스 1/2스푼, 정종 2스푼, 올리고당 1스푼, 핫페퍼 5개에 생강 1덩어리를 저며서 넣고 조린다. 또 다른 팬에 올리브오일 5스푼, 핫페퍼 5개, 마늘 3톨을 저며 넣고 약한 불에서 끓인다.

6 접시에 찐 우럭을 올리고 채썬 대파와 홍고추를 올려준 다음 간장소스를 뿌린다. 마지막으로 기름 소스를 뿌리면 끝.

기름 소스를 뿌리면 지지직 하면서 수분이 튈 수 있으니 조심하세요.

조리시간 40분

집들이, 배고픈 식전에 먹기 좋은 요리
고추잡채
095

회사 사람들 집들이 하면, 퇴근하고 저녁에 오잖아요. 다들 시장한 상태인 그때, 고추잡채를 내가면 다른 요리 준비할 동안 꽃빵으로 배를 조금 채울 수 있더라고요. 허기를 채우고 나면, 다음 요리를 기다릴 수 있는 여유가 생기지 않을까 싶어서 오늘 집들이에도 변함없이 고추잡채를 준비합니다. 제 경우에는 배가 고프면 급속도로 기분이 우울해지거든요.

주재료 | 돼지고기(잡채거리) 1/2근, 피망 2개, 파프리카 1개, 청양 홍고추 2개, 양파 1개, 표고버섯 5~7개, 죽순 한 주먹, 다진 마늘 1티스푼, 후춧가루, 소금, 과일 갈은 것, 꽃빵 4~5개
양념 | 고추기름, 굴소스, 후춧가루

4인분

1 잡채용으로 썬 돼지고기 1/2근에 다진 마늘 1티스푼을 넣고, 소금과 후춧가루로 간을 해 재운다.

상그리아 먹고 남은 과일이 있다면 갈아서 조금 넣어 주세요. ('063 상그리아' 참고.)

2 피망, 파프리카, 청양 홍고추, 죽순은 0.2~0.3cm 정도 가늘게 채썰고 양파와 표고버섯은 0.5cm 정도 두껍게 채썬다.

3 팬에 고추기름을 듬뿍 두르고 고기를 볶다가, 고기가 반쯤 익으면 양파를 넣고 볶는다. 양파가 투명해지면 피망, 파프리카, 홍고추, 죽순을 넣고 볶다가 굴소스와 후춧가루로 간을 한다.

4 고추잡채를 볶으면서 동시에 꽃빵(화권)을 찐다. 꽃빵은 사람 수보다 1~2개 많이 준비하면 좋다.

초보 한마디!

꽃빵은 보통 '화권'이라는 이름으로 대형마트에서 파는데요. 물량이 부족해 없을 때가 많더라고요. 집들이 한 달 전쯤에 미리미리 주문해서 장만하는 게 가장 좋고요. 급히 고추잡채를 만들 일이 생겼는데 꽃빵을 구할 길이 없다면, 근처 중국집에 가서 사정을 말하고 구매하세요. 저 또한, 중국집에서 꽃빵을 구매한 적이 몇 번 있답니다.^^
참고로! 고추잡채 말고 중국식 해산물 야채볶음도 꽃빵에 싸 먹으면 맛있답니다.

조리시간
1시간

중국식 삼겹살 요리
동파육
096

삼겹살처럼 집 안 여기저기 기름이 튀고 냄새 밸 걱정이 없는, 제육볶음이나 불고기처럼 냉동실 고
기를 녹여 양념할 필요 없는, 간단하지만 맛있는 고기 반찬 "동파육"입니다. 동파육의 장점은 무궁무진합니다.
잔칫상에 올려도 손색이 없으면서도 손쉽게 만들 수 있는 요리!

주재료 | 돼지고기(삼겹살) 1/2근, 마늘 5톨, 대파 1/2줄기, 핫페퍼(이태리 건고추) 5~6개, 생강 1/2개, 전분가루 2스푼, 청경채 4~5개(혹은 시금치) **삼겹살 데칠 때 |** 된장 1/2스푼, 생강 1/2덩어리, 미림(혹은 먹다 남은 소주) 1/2컵 **양념 |** 진간장 2스푼, 미림(혹은 먹다 남은 소주) 2스푼, 올리고당 1스푼, 설탕 1스푼, 굴소스 1/2스푼, 다진 마늘 1스푼, 후춧가루

2인분

1 냄비에 물과 미림(혹은 먹다 남은 소주)을 동일 비율로 넣고 저민 생강과 된장을 넣는다. 찜용 채반 위에 삼겹살이 반쯤 익을 때까지 약한 불로 찐다.

2 진간장 2스푼, 미림(혹은 먹다 남은 소주) 2스푼, 올리고당 1스푼, 설탕 1스푼, 굴소스 1/2스푼, 다진 마늘 1스푼, 후춧가루 조금, 물 1/2컵을 섞어 양념을 만든다.

중간중간에 뚜껑을 열어 열기를 빼주세요.

3 반쯤 익은 삼겹살을 먹기 좋은 크기로 잘라준다.

4 삼겹살에 양념을 붓고 마늘, 토막 낸 대파, 핫페퍼, 저민 생강을 넣고 조린다.

5 고기가 다 익으면, 전분 풀은 물을 부어가며 농도를 맞춘다.

6 고기를 조리는 동안 수증기로 청경채를 찐 후, 찬물에 헹군다. 접시에 삼겹살과 청경채를 올리면 끝.

조리시간 50분

굴소스만 있으면 나는 요리사다!
해물 누룽지탕
097

동생 말로는 유학생활을 하면서 우연히 얻은 "굴소스" 덕분에 어떤 요리든 자신 있어졌다고 하더라고요. 라면스프가 마법의 가루라면, 굴소스는 마법의 소스일지도. 요리다운 요리 한 번 못해서, 동생의 조언대로, 결혼하면서 제일 먼저 장만한 소스가 굴소스예요. 찬장에 꽁꽁 숨겨둔 굴소스! 집들이를 맞아 빛을 발했습니다.

주재료 | 누룽지(밥 1/2공기 분량), 각종 해산물(칵테일새우 10마리, 오징어 1/2마리, 홍합 1국자, 관자덩어리, 전복 1마리 등), 각종 야채(양파 1/2개, 피망 1/2개, 당근 1/4개, 가지 1/3개, 양송이버섯 2개, 석이버섯 3개 등), 멸치육수 1봉지, 전분가루 2스푼, 식용유
소스 | 굴소스 1스푼, 미림(먹다 남은 소주) 1스푼, 진간장 1/2스푼, 참기름 1/2스푼, 생강 1/2개, 후춧가루

4인분

1 각종 야채는 먹기 좋게 썰고, 말린 석이버섯은 물에 불려 놓는다.

야단을 제외한 야채는 꼭 뭘로라 것은 아니니, 집에 있는 것을 써주세요.

2 칵테일새우, 홍합살, 관자, 전복은 물에 데쳐 먹기 좋게 썰어 놓는다. 오징어는 벌집 모양으로 칼집을 내 데친 후에 썬다.

3 굴소스와 미림은 동일 비율로, 진간장과 참기름은 굴소스 반 정도를 넣고 소스를 만든다. 소스에 생강을 저며 넣고, 취향에 따라 후춧가루도 조금 뿌린다.

4 약한 불에 냄비를 올리고 식용유를 듬뿍 넣어 가열한다. 끓는 기름에 누룽지를 넣고 튀긴다. 부풀어 올라 노릇해지면 건져내 유산지에서 기름을 빼고 전골냄비에 담는다.

찬밥으로 누룽지 만드는 법은 부록 '이 누룽지 튀김 만들기'를 참고하세요.

5 깊이감 있는 팬에 식용유를 두르고 야채를 볶다가 해산물을 넣고 볶는다. 야채가 익으면 멸치육수 1봉지를 넣고 준비한 소스를 넣어가며 간을 맞춘다.

6 물에 갠 전분가루를 넣고 농도를 맞춘 후, 누룽지가 담긴 전골냄비에 붓는다.

누룽지가 뜨거운 경우, 육수를 붓다가 튈 수 있으니 조심하세요.

느지막이 일어난 휴일 아침.
우유에 시리얼을 말아 먹을 것인가, 식빵에 딸기잼을 발라 먹을 것인가, 고민하던 순간!
조금만 신경을 쓰면 로맨틱한 주말 아침을 시작할 수 있답니다.

남편아~ 굿 모닝 혹은 굿 애프터눈!

04

밥하기 귀찮은 주말 그러나 로맨틱하게

조리시간 40분

반찬이 필요 없는 주먹밥!
베이컨말이 주먹밥
098

밥을 먹자니 날은 덥고… 그렇다고 도시락 싸서 나가기는 더더욱 덥고!
숟가락질 하기도 귀찮은 주말 오후!
손으로 대충 집어 먹어도 되는 주먹밥을 만들었어요~
그런데 남편! 대충 한 끼 때운 것 같지는 않았지?!

주재료 | 베이컨 1팩, 브로콜리 1/4개, 당근 1/4개, 양파 1/4개, 소금, 식용유
양념 | 소금, 통깨, 참기름

2인분

1 소금을 넣은 끓는 물에 브로콜리를 데친다.

브로콜리가 예쁜 초록색이 되면 30초~1분을 더 끓여주세요.

2 브로콜리 머리 부분, 당근, 양파를 잘게 다져주세요.

브로콜리 줄기는 밥과 잘 뭉쳐지지 않아 사용하지 않는 게 좋아요.

3 팬에 식용유를 두르고 당근, 양파, 브로콜리 순으로 넣어가며 볶는다.

4 야채가 익으면, 찬밥을 넣고 소금과 후춧가루로 간을 하며 고슬고슬 볶는다.

베이컨으로 감싸야 하니, 심심하게 간을 해주세요.

5 완성된 볶음밥을 초밥 모양의 주먹밥으로 만든다. 베이컨 1/2장에 주먹밥을 말아준다.

6 베이컨이 풀리지 않도록 베이컨 끝을 이쑤시개로 고정한 뒤, 팬에 굽는다.

팬에 기름을 두르지 마세요.

초보 한마디!

주먹밥 만드는 법을 알려 드립니다. 조리용 비닐장갑을 낀 다음, 장갑에 참기름을 1~2방울 떨어트려 비벼 주세요. 그런 다음, 손으로 초밥 양만큼 밥을 잡아, 주먹을 살짝 쥐었다가 편 후 양끝을 톡톡 두드려 주세요. 참고로, 길이는 베이컨 폭보다 조금 길게 해야 베이컨을 말았을 때 볶음밥이 양옆으로 보여서 예쁘답니다. 그리고 하나 더! 베이컨 양보다 볶음밥 양이 많다면? 남은 볶음밥에 통깨를 뿌리고, 소금과 참기름으로 간을 한 다음 동그랗게 만들어 주세요. 김가루를 겉면에 묻혀서 먹어도 맛있고요, 그냥 먹어도 맛있답니다.

조리시간
1시간

봄 소풍 도시락 만들기
삼색 하트 주먹밥
099

봄 소풍 필수 아이템은 바로 도시락이죠!
봄 햇살이 따사로울 거라는 일기예보를 보고, 남편과 돗자리를 들고 집 앞 공원으로 향했습니다.
오랜만에 공원에서 돗자리 깔고 누워 책도 보고 도시락도 먹으며 여유를 만끽해 봤네요.

주먹밥 | 붉은 파프리카 1/4개, 브로콜리 1/4개, 달걀 1개, 각종 속재료 **불고기** | 갈은 소고기 1/4근, 진간장 1스푼, 참기름 1/2스푼, 다진 마늘 1/2스푼, 후춧가루, 갈은 과일 1스푼 **고추장 불고기** | 갈은 소고기 1/4근, 고추장 1스푼, 매실액 1스푼, 참기름 1/2스푼, 다진 마늘 1/2스푼, 후춧가루, 갈은 과일 1스푼 **참치 마요네즈** | 참치 살코기 1/2캔, 마요네즈 1스푼, 양파, 후춧가루 **배합초** | 식초 5스푼, 설탕 1스푼, 올리고당 1스푼, 소금 1/2스푼, 물 3스푼

2인분

1 불고기 맛, 고추장 불고기 맛, 참치 마요네즈 맛 등 주먹밥 속재료를 준비한다.

2 붉은 파프리카와 브로콜리 머리를 가루처럼 잘게 다진 후 키친타올을 이용해 1차로 수분을 빼고, 팬에 볶아 2차로 수분을 뺀다. 삶은 달걀 노른자를 부셔 가루로 만든다.

파프리카와 브로콜리 볶을 때 팬에 기름을 두르지 마세요.

3 물에 식초, 설탕, 올리고당, 구운 소금을 넣고 끓여 배합초를 만든다.

4 고슬고슬 지은 뜨거운 밥에 배합초를 섞은 후, 밥을 식힌다.

밥에 배합초가 골고루 스며들어 신속히 비벼주시고, 밥이 질어지지 않도록 주의하며 배합초를 넣어주세요.

5 배합초를 섞은 밥을 삼등분해, 삼색 가루를 각각 섞고 비벼준다.

6 쿠키틀(혹은 주먹밥틀)을 이용해 밥 사이에 속재료를 넣고 주먹밥을 만든다.

초보 한마디!

가장 인기 많은 주먹밥 중 하나인 참치 마요네즈는 기름기를 뺀 참치 살코기에 양파를 다져 넣고 마요네즈와 후춧가루를 섞어 버무려 주면 돼요. 그 밖에도, 갈은 소고기에 다진 청양고추와 마늘을 넣고 소금과 후춧가루로 간을 해 볶아준 담백한 맛의 소고기 볶음도 만들 수 있고 집에 매실 장아찌가 있다면 잘게 다져서 넣기만 해도 맛있는 주먹밥이 된답니다.

조리시간 20분

새콤달콤한 비빔국수

김치비빔국수 100

점심에 보쌈을 잔뜩 먹었더니 속이 그득하고 느끼해서, 새콤달콤하면서도 간편하게 먹을 수 있는 김치비빔국수를 준비해 봤습니다.
보통 요리할 때 시간이 많이 걸리면, 음식 냄새에 지쳐 먹을 때 맛있다고 느껴지지 않는데요.
국수 요리는 후딱 만들어서 그런지 맛있게 먹을 수 있어서 좋은 것 같아요.

주재료 | 소면 2인분, 김치 한 주먹, 깻잎 4~5장, 양파 1/4개, 대파 1/2줄기, 청양고추 1개, 오이, 당근, 홍고추 2인분
양념 | 고추장 2스푼, 고춧가루 1스푼, 식초 3스푼, 설탕 1스푼, 참기름 1스푼
계란국 | 달걀 2개, 쪽파 3~4줄기, 홍고추

1 끓는 물에 소면 2인분을 넣고 삶은 다음, 물에 씻어 채반에 받쳐 놓는다.

소면 삶는 법은 '074 콩나물무침'을 참고하세요.

2 김치와 깻잎은 채썰고, 대파는 어슷 썰고, 양파와 청양고추는 다진다.

3 고추장과 고춧가루를 2:1로 섞고 식초, 설탕, 참기름을 입맛에 따라 넣고 섞는다.

4 양념을 넣고 섞은 재료에 삶은 국수를 넣고 버무린다. 그릇에 국수를 담고 채썬 깻잎과 오이, 당근과 어슷썬 홍고추를 올려 장식한다.

5 달걀 2개를 풀고, 길쭉하게 썬 쪽파와 어슷썬 홍고추를 넣고 섞는다.

6 끓는 물에 다시가루를 넣고 간을 한 다음, 5번의 계란물을 넣고 끓인다.

초보 한마디!

비빔국수의 주의할 점! 국수를 양념에 넣고 비빌 때, 2~3번만 뒤적여서 비벼야 한다는 점이에요. 뒤적이는 횟수가 많거나, 특히 요리용 비닐장갑을 끼고 조물조물 버무리다 보면 면이 끈끈한 떡이 될 수 있어요.

조리시간
10분

휴일 점심, 라면 대신 먹기 좋은
김치국수 (갱시기국수)
101

주말 점심은 보통 남편이 밥을 하는데요.
남편이 할 줄 아는 요리가 라면뿐이라서 매주 주말마다 라면을 먹게 됩니다.
라면에 질린 남편과 함께 라면을 대신할 무언가를 찾다가 김치국수를 발견했어요.
라면만큼 쉽게 끓일 수 있지만, 라면보다 시원하고 깔끔한 맛! 갱시기국수를 소개합니다.

주재료 | 소면 1인분, 멸치육수 1봉지, 김치 한 주먹, 김치국물 1/2국자

1인분

1 냄비에 멸치육수 1봉지를 끓인다.

2 멸치육수에 채썬 김치와 김치국물 1/2국자를 넣고 끓인다.

3 김치가 끓으면 소면을 넣는다.

4 물 1~2컵을 넣고 간을 맞추며 끓인다.

소면에 간이 되어 있어 짤 수 있어요.

초보 한마디!

가난하던 시절, 멸치육수 혹은 된장을 풀은 장국에 김치와 콩나물, 찬밥을 넣고 뭉근하게 끓여먹던 죽을 갱시기 혹은 갱죽이라고 불렀다고 하는데요. 집에 남은 밥이 없으면, 칼국수 혹은 수제비를 넣고 만들기도 했대요. 그것이 바로, 요즘 사람들이 별미라고 하는 갱시기국수의 시초라고 하네요.

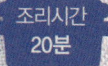
조리시간 20분

찬 바람이 불면 생각나는 뜨끈뜨끈한 국수 한 그릇!

김치말이 잔치국수
102

주말인데, 나들이도 못 가게 왜 이리 하늘이 우중충하고 찬바람이 씽씽 부는지 모르겠어요.
이런 날은 포장마차에서 뜨끈한 잔치국수 한 그릇을 먹으면 '딱'인데,
곧 비라도 내릴까 나갈 수가 없네요.
결국, 냉동실에 멸치육수 꺼내 직접 만들어 먹기로 했어요!

주재료 | 소면 2인분, 멸치육수 2봉지, 국간장 1/2국자
고명재료 | 김치 한 주먹, 들기름 2스푼, 갈은 깨 1/2스푼, 통깨 1/2스푼, 야채(당근, 호박, 표고버섯, 대파)

2인분

1 끓는 물에 소면을 삶아 물에 씻은 후, 동그랗게 말아 채반에 받쳐 놓는다.

소면 삶는 법은 '074 물냉이특집'을 참고하세요.

2 채썬 김치에 들기름 2스푼, 갈은 깨 1/2스푼, 통깨 1/2스푼을 넣고 버무린다.

3 국수 위에 올릴 야채를 얇게 채썰어 놓는다.

4 멸치육수와 물을 섞어 끓이다 썰어 놓은 야채를 넣고 국간장으로 간을 한다.

5 삶아 놓은 소면을 그릇에 담고, 국물을 부었다 따랐다 하며 토렴을 한다.

6 따끈해진 국수에 펄펄 끓는 육수를 붓고, 함께 삶은 야채를 올린다. 마지막에 준비한 김치고명을 올리면 끝. 취향에 따라 김가루를 뿌려도 좋다.

초보 한마디!

토렴이란, 국밥용 밥이나 국수에 뜨거운 국물을 부었다 따랐다 하며 데워주는 걸 의미하는데요. 토렴을 해주면, 밥이나 국수가 쉽게 식지 않아 식사가 끝날 때까지 뜨끈뜨끈하게 먹을 수 있답니다.

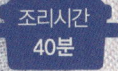
조리시간 40분

가슴까지 뻥 뚫어주는 시원한 메밀 한 판!
메밀소바
103

한여름 전기 절약을 실천하고 있는 회사! 덕분에 회사만 가면 멘붕이 되네요. ^^;;
집으로 돌아와 녹초가 된 몸을 소파에 누이고, 곰곰이 저녁 메뉴를 떠올려 봤지만 더위에 입맛을
잃어서 그런지 아무것도 떠오르지 않는군요. 멍하니 누워 있는데, 때마침 현관을 들어서는 남편의
한마디! "아! 시원한 메밀 한 판 먹으면 좋겠다."

주재료 | 메밀면 2인분, 무 1/3개, 대파 1/2줄기, 김 1장, 고추냉이   **간장육수** | 멸치육수 2봉지, 가츠오부시 한 주먹, 마늘 1~2톨(혹은 생각 1조각), 진간장 5스푼, 미림 2스푼, 설탕 2스푼

2인분

1 멸치육수 2봉지에 가츠오부시 한 주먹과 마늘 1~2톨(혹은 생각 1조각)을 넣고 끓인다. 끓은 육수는 체에 걸러 가츠오부시를 걸러낸다.

2 진간장 5스푼, 미림 2스푼, 설탕 2스푼을 넣고 간장소스를 만든다.

3 맑은 육수에 간장소스를 넣어가며 간을 맞추고, 약한 불에서 한소끔 끓인다. 거품을 모두 걷어내고 간장육수를 식힌 후, 그릇에 담아 냉동실에서 살얼음이 낄 만큼 얼린다.

4 간장육수를 얼리는 동안 육수에 넣어 먹을 재료를 준비한다. 껍질 깐 무를 강판이나 도깨비방망이 다지기에 갈고, 김 1장을 불에 구워 잘게 부수고, 대파는 어슷썰어 각각 그릇에 담는다.

육수 간은 조금 짜게 해주세요. 그래야 메밀면을 담가 먹을 때 간이 맞아요.

5 끓는 물에 메밀면을 삶아 얼음 물에 씻은 후, 동그랗게 말아 채반에 받쳐 놓는다.

면 삶는 법은 '074 콩국이무침'을 참고하세요.

6 메밀면을 접시에 담고 김가루를 올려 장식한다. 살얼음 낀 간장육수를 그릇에 담고 그릇 끝에 고추냉이를 묻힌 후 메밀면, 무즙 등과 함께 식탁에 낸다.

초보 한마디!

간장육수를 만드는 것이 번거로운 경우! 메밀 생면을 사면, 간장소스가 세트로 들어 있는데요. 간장소스를 물에 희석해 사용하면 편리합니다. 직접 만들면 좋겠지만, 바쁠 때는 쉬운 방법이 좋죠! 특히 여름에는요!

조리시간 40분

회사 동료가 추천하는 여름철 기분 좋아지는 음식!

쫄면
104

요즘 하도 더워서 까칠한 마누라가 됐습니다. 구내식당에서 대충 점심을 때우고 인상을 잔뜩 찡그리고 앉아 있는데, 동료가 룰루랄라 기분 좋게 들어오는 거예요. 무슨 일이냐고 물었더니, 새콤달콤 쫄깃한 쫄면을 먹어서 기분이 좋다네요. 근무시간 내내 쫄면을 떠올리다, 집에 돌아오는 길 슈퍼에서 냉큼 쫄면 한 봉지를 샀습니다. 다시 스마일 마누라로 돌아갈 수 있겠죠?

주재료 | 쫄면 사리 2인분, 오이 1/3개, 당근 1/4개, 상추 10장, 콩나물 두 주먹, 달걀 1개, 통깨
양념 | 고추장 2스푼, 식초 2스푼, 고춧가루 1스푼, 설탕 1스푼, 참기름 1스푼, 마늘 1티스푼, 청양고추 1/2개

2인분

1 끓는 물에 소금을 조금 넣고 콩나물을 삶는다. 삶은 콩나물은 재빨리 찬물에 헹군 후 체에 받쳐 물기를 뺀다.

2 오이, 당근은 채썰고, 상추는 손가락 두께로 썰어 놓는다.

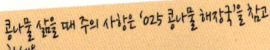

콩나물 삶을 때 주의 사항은 '025 콩나물 해장국'을 참고 하세요.

3 쫄면 사리를 손으로 비벼 면과 면을 떼어준 다음 끓는 물에 넣고 삶는다. 삶은 면은 찬물에 헹군 후 체에 받쳐 물기를 뺀다.

4 고추장과 식초를 동일 비율로, 고춧가루, 설탕, 참기름을 고추장의 반 정도 넣은 후, 다진 마늘과 청양고추를 섞어 양념장을 만든다.

5 양념장 반은 다른 그릇에 덜어 놓고, 남은 양념에 면을 넣고 비빈 후 그릇에 담는다. 면 위에 통깨를 솔솔 뿌린다.

6 면 위에 콩나물, 오이, 당근, 상추를 차례로 올리고 남은 양념장 반을 올린다. 마지막에 삶은 달걀을 반으로 잘라 올리면 끝.

초보 한마디!

달걀 껍질을 티트리지 않고 잘 삶는 법을 알려 드릴게요.
찬물에 달걀을 넣고 굵은 소금을 1/2스푼 넣어주세요. 그리고 불을 중불 이상으로 켜고, 13~15분 정도 삶아주세요. 반숙으로 하려면 1~2분 정도 덜 삶으면 되고요. 삶은 달걀은 바로 건져내 찬물에 담가 식혀줍니다. 그래야 껍질이 잘 까져요.

조리시간 20분

감자 썰어 넣고 시골식으로 반죽한 수제비 떠넣기

수제비
105

날씨가 꾸물꾸물하니 기분도 꾸물꾸물! 베란다에 서서 어두침침한 하늘을 보고 있자니, 뜨끈한 국물이 간절해졌습니다. 냉큼 들어와 잔치국수라도 먹을까 찬장을 뒤졌는데, 있는 건 밀가루뿐이네요. 반죽을 해서 칼국수를 할까 하다 시간이 오래 걸릴 듯해서, 간편하게 엄마표 시골식 수제비를 준비하기로 했어요.

주재료: 밀가루 3~4국자, 물 1.5~2국자, 멸치육수 2봉지, 감자 1~2개, 대파 1/2줄기, 다진 마늘 1티스푼, 국간장 1/2~1스푼, 소금

1 밀가루에 소금을 조금 뿌려 간을 하고, 물을 넣고 질척하게 반죽을 한다.

2 감자는 새끼손가락 굵기로 채썰고, 대파는 어슷썰어 놓는다.

3 멸치육수에 감자를 넣고 끓인다.

4 감자가 익을 쯤, 수제비를 떠 넣는다.

5 수제비가 잘 익도록 아래위로 섞는다.

6 대파와 마늘을 넣고 끓이다 국간장으로 간을 한다.

초보 한마디!

수제비는 보통 반죽을 되게 해서, 손으로 반죽을 얇게 펴서 넣는 경우가 많은데요. 그렇게 하면 시간이 많이 걸리고 번거로우니, 저희 엄마한테 배운 손쉬운 방법을 알려 드립니다. 반죽을 우선 질게 해주세요. 손에 끈적끈적 묻어날 만큼! 그리고 주걱에 반죽을 올려 얇게 펴준 다음 숟가락 혹은 빵나이프로 뚝뚝 끊어서 넣어주세요. 이렇게 하면 시간을 반으로 줄일 수 있답니다. 물론, 된 반죽을 이용하면 쫄깃한 맛이 있고요! 저처럼 진 반죽을 이용하면 부드러운 맛이 있어요. 시간에 따라, 취향에 따라 선택해 주세요.

조리시간 30분

비 오는 날 밥 대용으로 딱 좋아!
피자밥 김치전 106

비 오는 날은 역시 김치전인데, 점심에 라면을 먹어 저녁까지 밥을 안 먹기는 그렇고! 이럴 때 안성맞춤인 요리가 있습니다. 이름하여 '피자밥 김치전'. 밥도 되고, 전도 되고 일석이조!
특히, 테스트 결과 밥을 싫어하는 어린이에게 좋습니다. 아직 저희 부부에게는 아이가 없지만, 초딩 입맛을 가진 남편이 있지요. ㅋㅋ

주재료 | 밥 1인분, 김치 한 주먹, 감자 1/2개, 양파 1/2개, 부추 5~7줄기, 파프리카 1/3개, 갈은 돼지고기 (혹은 소고기) 2스푼, 모짜렐라치즈 한 주먹, 김치국물 2국자, 물 3국자, 밀가루 5국자, 소금, 식용유

2인분

1 잘게 썬 야채와 김치, 갈은 돼지고기, 찬밥 1공기를 준비한다.

2 재료에 김치 국물 2국자, 물 3국자를 넣고 섞는다.

3 모짜렐라치즈 한 주먹을 넣고 섞는다.

4 밀가루 5국자를 넣고 재료에 밀가루가 고루 묻도록 잘 섞어준다. 싱거우면 소금으로 간을 한다.

5 팬에 식용유를 듬뿍 두르고, 숟가락으로 반죽을 떠서 넣고 부친다.

6 앞뒤 노릇노릇하게 굽고 접시에 담아 낸다.

초보 한마디!

피자밥 김치전은 구울 때, 모짜렐라치즈가 녹으면서 팬에 붙어서 타기 쉽답니다.
굽는 중간중간에 모짜렐라치즈가 바닥에 붙지 않도록 팬을 좌우로 흔들어 주세요.

조리시간 30분

출출할 땐 간단하고 맛난 토스트로
길거리 토스트
107

모닝커피에 딸기잼 바른 식빵을 먹던 남편이 "노점 토스트는 만들기 어려운 거야?" 하고 질문을 하더라고요. "난 할 줄 모르는데…"라고 말한 다음, 일요일 아침 일찍 일어나 길거리 토스트를 준비했습니다.
남편이 눈을 뜨면 깜짝 놀라겠죠?

주재료 | 양배추 두 주먹, 양파 1/2개, 당근 1/2개, 피망 1/2개, 달걀 2개, 식빵 4쪽, 버터, 소금, 후춧가루

1 양파, 당근, 피망은 다지고, 양배추는 가늘게 채썬다.

2 준비한 야채에 달걀을 깨서 넣고 섞는다. 소금과 후춧가루로 간을 한다.

케첩과 머스타드소스를 뿌리니까 심심하게 간을 하세요.

3 팬에 버터를 녹이고 토스트 속재료를 식빵 크기로 부친다.

4 팬에 버터를 두르고 식빵을 굽는다.

5 식빵 위에 3번에서 만든 계란지단을 올리고 설탕을 뿌린 후, 케첩과 머스타드소스를 뿌린다.

6 먹기 좋게 반으로 잘라준다.

초보 한마디!

길거리 토스트는 야채토스트와 햄&치즈토스트로 나뉘는데요.
햄&치즈는 위에 3번에서 만든 달걀지단에 슬라이스햄과 치즈를 1장씩 얹어서 먹으면 된답니다.

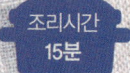
조리시간
15분

딸기잼에 지친 아침 색다른 샌드위치
피넛 바나나 샌드위치
108

모처럼 늦잠을 잔 주말 아침.
식탁 위에 굴러다니는 빵에 딸기잼을 발라 먹을까 했는데요. 딸기잼을 너무 자주 먹어
지겹더라고요. 그래서, 색다르게 땅콩잼에 바나나를 얹어 샌드위치를 만들어 먹었어요.
달콤하고 부드러운 맛이 진한 커피와 잘 어울리더라고요.

주재료 | 모닝빵 5~6개(혹은 식빵 4쪽), 바나나 1~2개, 땅콩잼, 버터

2인분

1 모닝빵을 반으로 잘라 버터를 녹인 팬에 굽는다.

2 빵 안쪽에 땅콩잼을 바르고 0.5cm 두께로 썬 바나나를 올린다. 남은 빵 안쪽에도 땅콩잼을 바르고 바나나 위를 덮는다.

3 팬에 올려 따뜻하게 굽거나 전자레인지에 넣고 데운다.

초보 한마디!

저는 집에 남은 모닝빵이 있어서 모닝빵을 이용했지만, 식빵을 이용하면 더욱 맛있답니다. 위의 설명처럼, 식빵 양면에 땅콩잼을 바르고 가운데 바나나를 넣어주고요. 팬에서 앞뒤로 노릇하게 구워주면 돼요. 접시에 낼 때는 삼각형 모양으로 반을 잘라주면 예쁘고요.

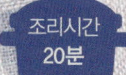
조리시간 20분

남은 재료로 샌드위치 만들기
감자 샌드위치 & 햄에그 샌드위치
109

된장찌개 끓이고 남은 감자 조각, 샐러드 먹고 남은 오이 조각, 당근주스 먹고 남은 당근 조각! 냉장고를 열어보니, 새로운 요리를 하기엔 부족하고 버리자니 아까운 야채 조각들이 굴러다니더라고요.
빵을 좋아하는 남편을 위해, 야채 자투리를 긁어 모아 샌드위치를 만들었습니다.

감자 샌드위치 재료 | 버터롤 2개(혹은 식빵 2쪽), 감자, 오이, 마요네즈
햄에그 샌드위치 재료 | 버터롤 2개(혹은 식빵 2쪽), 햄, 달걀 1개, 당근, 마요네즈

• 감자 샌드위치

1 오이는 얇게 저며 소금에 절인 후, 물기를 꼭 짜준다.

2 감자를 삶아 그릇에서 식힌다.

3 감자, 오이에 마요네즈를 넣고 비빈 후, 빵 사이에 발라 먹는다.

• 햄에그 샌드위치

1 햄과 당근을 가늘게 채썬다.

2 달걀 1개를 삶아 잘게 다진다.

3 햄, 당근, 달걀에 마요네즈를 넣고 섞은 후, 빵 사이에 발라 먹는다.

조리시간
10분

생크림을 듬뿍 얹은 새콤달콤한 과일 샌드위치!
과일 샌드위치
110

냉장고에 과일이 있길래, 생크림을 사다가 과일 샌드위치를 만들어 소풍을 갔습니다. 파릇파릇한 연둣빛 나무 밑에서 먹어서 그런지, 상큼한 과일 샌드위치가 너무 맛있네요. 앞으로 매주 주말마다 샌드위치 싸서 소풍 가야겠어요.

주재료 | 식빵 4쪽, 생크림 1통(3~4스푼 분량), 크림치즈 2스푼, 과일(딸기, 키위, 파인애플, 양상추 등), 버터

2인분

1 생크림 1통에 크림치즈 2스푼을 넣고 거품기로 섞어준 다음 냉장고에 보관한다.

생크림과 크림치즈를 섞어야 생크림이 빵에서 흘러내리지 않아요.

2 과일은 0.5cm 두께로 자르고 키친타올로 물기를 뺀다.

3 식빵 테두리를 자르고 토스트기로 구운 후 식힌다. 식은 식빵에 준비한 생크림을 바른다.

과일 샌드위치는 식빵 테두리가 없어야 맛있더라고요.

4 생크림 위에 딸기와 키위를 반씩 얹는다. 과일 틈새에 생크림을 채우고 생크림 바른 식빵으로 덮는다.

5 크림을 바른 식빵에 양상추, 파인애플, 다시 양상추 순으로 올린다. 각 재료 사이사이에 생크림을 추가로 발라도 좋다. 생크림 바른 식빵으로 덮는다.

6 샌드위치를 랩으로 싸서, 냉장고에서 10분 정도 보관한 후 꺼내 과일 단면이 보이게 자른다.

라p을 묶일 때, 단면이 예쁘게 보일 수 있도록 랩을 배치해 주세요.

초보 한마디!

집에서 생크림을 직접 만들 수도 있습니다. 우선, 생크림 만들 그릇과 거품기를 냉동실에서 차갑게 얼려주세요. 생크림을 만들 그릇이 들어갈 만큼 큼직한 그릇에 얼음과 물을 넣고 그 위에 생크림 만들 그릇을 올려주세요. 차가운 그릇에 휘핑크림을 넣고 같은 방향으로 거품기를 저어주다가, 취향대로 설탕을 넣고 덩어리가 될 때까지 계속 저어주면 끝!

조리시간
30분

햄버거라고 모두 정크푸드는 아니다!
수제 햄버거
111

저는 햄버거가 좋은데, 빵을 좋아하는 남편이 유일하게 햄버거만 좋아하지 않습니다. 건강하지 않은 음식이라는 거죠! ㅡㅡ;; 햄버거도 건강식이 될 수 있다는 것을 보여주기 위해, 어려서 엄마가 만들어주던 수제 햄버거를 준비했습니다. 남편아! 햄버거에서 건강한 맛이 나지?

주재료 | 모닝빵 4개(혹은 식빵 4쪽), 수제 패티 4장, 슬라이스치즈 4장, 양상추, 피클, 토마토, 양파, 케첩, 마요네즈 **패티 재료** | 갈은 돼지고기 1/2근, 양파 1/3개, 감자 1/3개, 당근 1/3개, 달걀 1개, 튀김가루 2국자, 식용유

2인분

1 돼지고기, 양파, 감자, 당근을 도깨비 방망이 다지기에 넣고 갈아준다.

> 믹서를 이용하면 물처럼 변하니까 다지기를 이용하거나 정육점에 부탁해 갈아주세요.

2 갈은 돼지고기와 야채에 튀김가루와 달걀을 넣고 반죽한다.

> 튀김가루에 간이 되어 있어 별도로 간을 하지 않아도 돼요.

3 팬에 식용유를 두르고 반죽을 부쳐 패티를 만든다.

> 숟가락으로 반죽을 떠 넣고 바닥이 조금 익으면 뒤집어서 호떡 만들듯 눌러주세요.

4 모닝빵에 양상추를 올리고 그 위에 마요네즈를 뿌린다. 이어, 치즈와 수제 패티를 차례로 올리고 케첩을 뿌린 다음 기호에 따라 오이피클, 토마토, 양파 등을 올린다.

초보 한마디!

위에 소개한 재료로 패티를 만들면, 모닝빵 기준으로 패티가 8장쯤 나올 거예요. 햄버거 만들고 남은 패티는 한입에 먹기 좋게 자른 다음 이쑤시개를 꽂아 간식으로 먹으면 좋답니다.
어려서 엄마가 접시에 패티를 담고 케첩을 뿌려 간식으로 줬던 기억이 나네요.

243

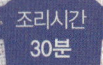
조리시간 30분

늦잠 잔 휴일 아침 간단한 브런치로 한 끼 해결!
스크램블에그 브런치
112

느지막이 일어나 아침을 먹기도 점심을 먹기도 애매한 시간.
요럴 때 먹는 게 브런치가 아닐까 싶어서 간단하게 스크램블에그를 준비했답니다.
사실 남편에겐 브런치에 대한 로망도 좀 있고 해서요. 모처럼~

스크램블 재료 | 달걀 2개, 우유 1/3컵, 소금, 식용유
브런치 재료 | 비엔나 소시지, 케첩(혹은 머스타드소스), 야채(양파, 당근, 가지, 양배추 등), 진간장 1스푼, 미림(혹은 먹다 남은 소주) 1스푼, 물 1스푼, 후춧가루

10분

1 달걀 2개에 우유 1/3컵을 넣고 풀어준 후, 소금으로 간을 한다.

2 중불에 팬을 올리고 식용유를 두른 후, 달걀물을 붓는다. 달걀물이 반쯤 익으면 젓가락으로 휘적휘적 저어준다. 다 익으면 접시에 올리고 파슬리가루를 뿌려준다.

3 비엔나 소시지를 벌집, 사선, 문어 모양으로 칼집을 내 기름 두른 팬에서 볶아준다. 비엔나 소시지가 칼집대로 벌어지면 접시에 담고 케첩을 뿌린다.

4 냉장고에 있는 야채를 먹기 좋게 썰어 팬에 볶다 진간장, 미림, 물을 동일 비율로 넣고 볶는다. 마지막에 후춧가루를 조금 뿌려서 볶은 후, 접시에 담는다.

야채볶음은 '073 일본식 돼지고기 야채볶음'을 참고하세요.

초보 한마디!

스크램블에그 대신, 달걀 프라이를 접시에 담아도 멋진 브런치가 된답니다.
브런치는 보통 달걀 요리(스크램블에그, 달걀 프라이, 오믈렛)에 야채, 과일, 토스트 등을 얹어서 내면 되는데요.
브런치를 만들다 터득한 노하우는, 바로 레스토랑처럼 둥글고 큰 접시(특히 강렬한 색깔이 있는 접시)에 담아야 예쁘다는 것!
기회가 되면, 브런치에도 쓰고 스테이크, 스파게티 먹을 때도 쓸 수 있는 큰 접시를 장만해보세요.

조리시간 30분

프랑스식 브런치 먹고 파리지엥 기분 내기!
크로크무슈&크로크마담
113

며칠 전, 파리로 출장 간 동생을 한없이 부러워했던 우리 부부.
크로크무슈와 크로크마담에 진한 홍차를 곁들여 아침을 먹으면서 파리지엥 기분을 내봤습니다.
봉주르 남편, 크로크마담을 탐내지 말아요! 크로크마담은 마누라 전용이에요!

주재료 | 식빵 4쪽, 베사멜 소스, 슬라이스치즈 2장, 슬라이스햄 2~4장, 모짜렐라치즈 두 주먹, 달걀 1개 *2인분*
베사멜소스 재료 | 다진 양파 1/4개, 버터 1스푼, 밀가루 1스푼, 우유 1/2컵, 휘핑크림 1/3컵, 소금, 후춧가루

1 약한 불에서 버터 1스푼을 녹인 후, 밀가루 1스푼을 넣고 볶다, 다진 양파를 넣고 볶는다. 우유와 휘핑크림을 넣고 밀가루 덩어리를 풀어주면서 소금과 후춧가루로 간을 해 베사멜 소스를 완성한다. *'086 감자그라탕'을 참고해 주세요.*

2 식빵 안쪽에 베사멜 소스를 바른다.

3 베사멜 소스를 바른 면 위에 슬라이스 치즈와 햄을 올린다. 베사멜 소스를 바른 식빵으로 덮는다.

4 식빵 겉면에 모짜렐라치즈를 얹고 전자레인지(혹은 오븐)에 데워 치즈를 녹인 후 과일, 야채 등을 곁들여 낸다.

초보 한마디!

자! 위에 설명 드린 것이 바로 크로크무슈입니다.
크로크마담은 크로크무슈와 똑같이 만든 후, 달걀 프라이를 올려주는 건데요. 모양이 꼭 모자를 쓴 귀부인을 닮았다고 해서 '마담'이라는 이름을 붙였다고 해요.
참고로, 크로크마담에 올리는 달걀 프라이는 겉면이 예쁘게 보이게 하기 위해 앞뒤로 뒤집지 말고 뚜껑을 닫아 윗면을 팬의 뜨거운 공기로 익혀주는데요. 단, 달걀 노른자는 익히지 말아주세요. 이 달걀 노른자를 터트려 빵을 찍어 먹으면 끝내주거든요. 달걀 노른자 콕 찍은 크로크마담을 먹어본 남편이,
자신도 크로크마담으로 바꿔 달라고 투덜거리더라는~

조리시간 40분

집에서 손쉽게 브런치 세트 만들기!
버섯오믈렛 브런치 세트
114

몰디브 신혼여행지에서, 콧수염 주방장이 만들어주던 오믈렛의 매력에 푹 빠졌던 남편!
신혼여행 사진을 보며 몰디브를 그리워하길래, 남편을 위해 버섯오믈렛을 만들었습니다.
남편, 모처럼 몰디브 기분 느껴서 좋지?!

오믈렛 재료 | 달걀 3~4개, 버섯(느타리, 양송이) 한 주먹, 모짜렐라치즈 한 주먹, 우유 1/3컵, 버터 1/2스푼, 후춧가루, 식용유 **프렌치 토스트 재료** | 식빵 2쪽, 달걀 1개, 우유 1/4컵, 설탕 1/2스푼 **브런치 재료** | 베이컨, 크래미, 고구마, 바나나, 오이, 블랙올리브, 크림치즈

1접시

1 버섯을 얇게 썰어 버터를 두른 팬에 볶으면서, 소금과 후춧가루로 간을 한다.

2 달걀에 우유와 녹인 버터를 넣고 풀어준다. 취향에 따라 후춧가루를 조금 뿌린다.

> 완성된 오믈렛에 케첩을 뿌려 먹지 않을 경우, 별도로 소금 간을 해주세요.

3 달궈진 팬에 식용유를 두르고, 달걀물을 붓는다. 달걀물 위에 볶아 놓은 버섯과 모짜렐라치즈를 올린다.

4 달걀물이 반쯤 익으면 반을 접어준다. 앞뒤로 노릇노릇 구워 접시에 담고 파슬리가루와 케첩을 뿌려준다.

5 프렌치 토스트와 베이컨, 크래미 등을 구워 오믈렛이 담긴 접시에 담는다.

> 프렌치 토스트 만드는 법은 '116 프렌치 토스트를 참고하세요.

6 삶은 고구마에 설탕과 녹인 버터를 뿌린 후, 오븐에서 굽는다. 구운 바나나, 블랙올리브 등과 같이 접시에 담는다.

초보 한마디!

브런치 세트는 오믈렛, 스크램블에그, 달걀 프라이 같은 달걀 요리에 프렌치 토스트, 피자빵, 팬케이크 같은 빵 요리와 구운 베이컨을 함께 내면 되는데요.
이왕이면 접시에 좋아하는 과일, 고구마, 감자, 옥수수 등을 함께 올리면 맛도 모양도 좋답니다.

조리시간 40분

식빵으로 만드는 소시지 피자&마르게리타 피자

피자빵 브런치
115

결혼 초에는 주말이면 오믈렛이나 스크램블에그를 만들어서 브런치를 해주곤 했었는데
요즘은 회사도 바쁘고 집안 행사도 많고 도통 귀찮네요.
휴일 아침이면 우유에 시리얼을 먹는 남편을 보고 있자니 조금 안쓰러워서,
모처럼 남편이 좋아하는 피자로 브런치를 만들었어요.

공통 재료 | 식빵 4쪽, 토마토소스 3~4스푼, 토마토 1개(혹은 토마토퓨레), 올리브오일 1스푼, 모짜렐라치즈 세 주먹 **소시지 피자빵 재료** | 비엔나 소시지 5~6개, 블랙올리브 3~4개, 베이컨 1장, 양파, 파프리카 **마르게리타 피자빵 재료** | 바질 잎

2인분

1 토마토소스에 껍질 깐 토마토 1개와 올리브오일 1스푼을 넣고 약한 불에서 은근히 끓인다. 토마토는 익히면서 숟가락으로 뭉갠다. 완성된 소스는 식혀둔다.

2 비엔나 소시지, 블랙올리브는 얇게 저미고 양파와 파프리카는 0.3~0.5cm 두께로 채썬다. 바질 잎은 깨끗이 씻어 물기를 털어놓는다.

토마토 껍질 까는 법은 124 가스파초를 참고하세요.

3 식빵에 토마토소스를 바르고 모짜렐라치즈를 뿌린다.

4 식빵 2쪽에는 소시지 피자 토핑을 올리고 모짜렐라치즈를 듬성듬성 뿌려준다.

5 남은 식빵에 마르게리타 피자 토핑인 바질 잎을 올리고 모짜렐라치즈를 듬성듬성 뿌린다.

6 팬에 올리브오일을 조금 두르고 가장 약한 불에서 굽거나 올리브오일을 조금 두른 오븐팬을 200℃로 예열된 오븐에 넣고 10분간 굽는다. 접시에 담을 때 마르게리타 피자빵 위에 신선한 바질 잎을 올려 장식한다.

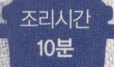
조리시간 10분

딱딱한 바게트로 만든 촉촉한 토스트
프렌치 토스트
116

회사에서 야근과 철야를 반복하는 힘겨운 나날입니다. 어젯밤 늦게 퇴근하고 오늘 아침엔 늦잠을 잤어요. 배는 출출한데 몸은 지쳐 있고, 냉동실에는 먹다 남은 바게트뿐이네요. 딱딱한 바게트를 그냥 먹을 수 없어 촉촉한 프렌치 토스트를 만들었어요.

주재료 | 바게트 빵 4조각(혹은 식빵 2쪽), 달걀 1개, 우유 2~3스푼, 설탕 1/2~1스푼, 버터, 식용유

1인분

1 달걀에 우유와 설탕을 넣고 풀어준다.

2 달걀물에 바게트 빵을 푹 적신다.

3 팬에 버터와 식용유를 반씩 섞어 두른 후, 달걀물에 젖은 바게트를 노릇노릇 굽는다.

초보 한마디!

집에 딱딱하게 굳은 바게트 빵이 있다면 프렌치 토스트를 만들어 보세요. 돌덩이 같던 바게트 빵을 부드럽게 먹을 수 있을 거예요. 그리고 하나 더! 프렌치 토스트를 맛있게 즐기는 팁!
프렌치 토스트는 시럽, 꿀, 잼에 찍어 먹으면 더 맛있는데요. 개인적으로는 씨앗이 톡톡 터지는 산딸기잼(혹은 크랜베리잼)과 진한 아메리카노를 곁들여 먹을 때가 가장 맛있더라고요.

조리시간
20분

크로아티아 호텔에서 먹었던 초간단 브런치
베이컨 치즈 오믈렛과 베이컨 달걀 프라이
117

결혼하고 처음으로 맞는 여름 휴가! 유럽 여행을 좋아하는 마누라와 크로아티아를 향한 로망을 품은 남편이 만나 무작정 크로아티아로 떠났습니다. 여행지에 대한 공부를 많이 안 해서 유명한 요리가 뭔지 모르겠지만, 간단해 보이는 브런치가 참 맛있더라고요. 베이컨과 달걀만 있으면 만들 수 있는 크로아티아식 브런치를 소개합니다.

주재료 | 달걀 4개, 베이컨 2장, 모짜렐라치즈 한 주먹(혹은 슬라이스치즈 1장), 우유 1/4컵, 버터 1/3스푼, 식용유, 후춧가루, 파슬리가루

1 달걀 2개에 우유와 녹인 버터, 후춧가루를 조금 넣고 풀어준다.

2 가열된 팬에 기름을 두르고 달걀물을 붓는다.

베이컨이 들어가니까 소금 간은 하지 마세요.

3 달걀물 한쪽에 베이컨 1장을 얹고 모짜렐라치즈를 뿌린다.

4 달걀물이 반쯤 익으면 반으로 접는다. 다 익은 오믈렛을 접시에 담고 파슬리가루를 뿌려준다.

5 팬에 기름을 두르고 달걀 2개를 깨트려 넣고 흰자 위에 베이컨 1장을 올린다.

6 달걀이 반쯤 익으면 불을 끄고 뚜껑을 덮어 열기로 윗면을 살짝 익혀준다.

달걀 노른자를 터트려 빵을 찍어 먹으면 맛있어요.

초보 한마디!

브런치를 만들 때 베이컨이 참 다양하게 쓰이는데요. 보통 1팩을 사면, 전부 쓰지는 않고 1~2장 정도만 쓰고 남기게 되죠. 그런데, 남은 베이컨을 냉동실에 넣어 놓으면 덩어리로 꽝꽝 얼어서 1장씩 떼어 쓰기 어려운데요. 베이컨 사이사이에 랩을 깔아 보관을 하면, 필요할 때마다 1장씩 손쉽게 떼어 사용할 수 있답니다.

조리시간 15분

쉽지만 폼나는 와인 안주
카나페
118

남편 친구 부부가 와인을 한 잔 하러 온대요. 찬장에 크래커가 보이길래 부담 없이 즐길 수 있는 와인과 어울리는 모듬 치즈를 사올까 하다가, 카나페를 준비했어요. 뿌듯뿌듯~
카나페를 보자 다들 너무 예뻐서 먹지 못하겠다고 하더라고요.

주재료 | 크래커, 슬라이스치즈, 햄, 양상추, 과일 혹은 야채(딸기, 키위, 바나나, 파인애플, 당근, 오이 등), 큐브 참치, 블랙올리브, 그린올리브, 크림치즈(혹은 땅콩잼)

1 크래커 가운데 크림치즈를 조금 바르고 4등분한 슬라이스치즈, 양상추, 햄 등을 각각 올린다.

2 슬라이스치즈, 양상추, 햄 위에 크림치즈를 조금 바르고 과일, 큐브 참치, 블랙올리브 등을 올려 장식한다.

3 나무 쟁반에 담아 낸다.

초보 한마디!

예쁜 카나페 만들기 팁!
하나. 딸기 꼭지는 그대로 두고 3등분해서 올리세요. 그냥 올리는 것보다 예쁩답니다. 딸기는 가지런히 올리지 말고 딸기 옆을 살짝 눌러 3등분한 딸기가 조금씩 어긋나 보이게 놓습니다.
둘. 베이지색 크래커 위에는 노란색 치즈를, 갈색 크래커 위에는 흰색 치즈를 올립니다. 치즈는 크래커와 십자로 배치해 크래커와 치즈가 겹쳐 보이지 않게 합니다.
셋. 크래커 위에 올리는 재료들을 보색 혹은 유사색으로 맞춥니다.
넷. 접시보다는 나무 쟁반에 담는 것이 고급스러워 보입니다.
다섯. 쟁반에 담을 때는 보색으로 배치합니다.

조리시간 30분

애매하게 남은 밥으로 아침식사용 죽 만들기
야채죽 & 소고기죽 & 참치죽
119

가끔 남편이 퇴근길에 배가 많이 고프다고 문자를 보낼 때가 있습니다. 혹시나 밥이 모자랄까 싶어 평소보다 밥을 많이 하면, 밥이 꼭 남는데요. 남은 밥에 각종 야채와 소고기, 참치 등을 넣고 죽을 끓여 다음 날 아침에 먹으면 하루가 든든해진답니다.

주재료 | 야채(양파, 감자, 당근, 표고버섯, 피망 등), 남은 밥, 소금
추가 재료 | 소고기, 참치, 새우, 조갯살 등

• 야채죽(기본 죽)

1 양파, 감자, 당근, 버섯, 피망 등 야채를 잘게 다진다. 야채는 남은 밥 양만큼 준비한다.

피망은 익히면 색이 바래니까 먹기 직전에 넣고 섞는 것이 좋아요.

2 남은 밥에 다진 야채와 물을 넣고 소금으로 간을 한 뒤 뭉근하게 끓인다. 물은 남은 밥의 2.5~3배 정도 넣는다.

• 소고기죽

1 양파, 감자, 당근, 버섯, 피망 등 야채를 잘게 다진다. 야채는 남은 밥 양만큼 준비한다.

2 남은 밥에 다진 야채와 소고기, 물을 넣고 소금으로 간을 해 끓인다.

• 참치죽

1 참치 살코기를 잘게 부셔 채에 걸러 기름을 뺀다.

2 야채죽을 그릇에 담고 참치 살코기와 김가루를 뿌려 먹는다.

초보 한마디!

야채죽을 만드는 기본 재료에 다진 소고기를 넣고 끓이면 소고기죽이, 다진 새우를 넣고 끓이면 새우죽이, 닭고기를 다져 넣고 끓이면 닭죽이 탄생한답니다. 찬밥이 남으면, 죽을 만들어 봉지에 담아 냉동실에 보관해 보세요. 출출한 날 아침, 1봉지 데워서 먹으면 든든한 하루를 시작할 수 있답니다.

다이어트 하는 후배를 위한 건강죽
미역죽
120

조리시간 1시간

맛있는 밥 한 끼를 사주고 싶은 후배의 생일!
점심이나 같이 할까 했더니, 여름휴가를 코앞에 두고 다이어트 중이라네요.
휴가 지나고 밥을 먹을까 하다가, 자취하는 후배가 아침에 미역국도 못 먹었겠지 싶어서 칼로리가
낮은 미역죽을 만들어 도시락을 쌌어요.

주재료 | 마른 미역 1/2공기 분량, 감자 2개, 쌀 1인분, 국간장

4인분

1 마른 미역은 30분 정도 물에 불려 먹기 좋게 썰고, 감자는 0.5~1cm 두께로 큼직하게 썬다.

2 큰 냄비에 쌀 1인분과 미역, 감자를 넣고 재료의 3배 정도 물을 넣는다.

3 가장 약한 불에서 끓이면서 중간에 쌀이 바닥에 들러붙지 않게 뒤적여 준다. 물이 졸아들면 추가로 물을 넣어가며 끓인다.

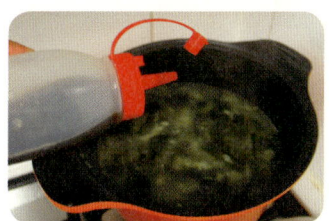

4 죽이 완성되면 국간장으로 간을 해 한소끔 끓인다.

초보 한마디!

미역죽은 어려서 아플 때면 엄마가 끓여줬던 죽인데요. 부드러운 미역과 구수한 감자가 어우러져 속을 편하게 해주는 죽입니다. 만들기도 엄청 쉽고요.
특히, 차갑게 식어도 맛있기 때문에 도시락으로 싸기 안성맞춤인 죽이지요.
도시락 한 통 싸고, 남은 건 저희 부부가 뚝딱 해치웠어요. 부드러우면서도 씹는 맛이 있고, 밍밍할 것 같은데 깊은 맛이 느껴지는 신기한 죽이랍니다.

조리시간 20분

몸살 기운으로 입맛을 잃었을 때 생각나는 고소한 죽

잣죽
121

프로젝트가 끝나고 갑작스럽게 쉬어서 그런 걸까요? 연휴 이후 몸살이 급습했습니다. 입맛이 뚝 끊겨서 아무것도 먹고 싶지 않은데 남편은 계속 뭘 먹어야 한다고 채근하네요. 침대에 누워 뭘 먹을까 천장만 바라보고 있다가, 엄마가 해주던 고소한 잣죽이 생각났어요. 요리를 도통 못하는 남편을 아바타로 세워, 잣죽을 만들기 시작했습니다.

주재료 | 쌀 1/2인분, 잣 한 주먹, 소금

1 도깨비방망이 다지기에 잣과 물을 섞고 곱게 간 후 냄비에 담는다.

2 다지기에 쌀과 물을 섞어 넣고 쌀알이 반쯤 부셔지게 살짝 간 후 냄비에 담는다.

3 재료의 3배 정도 물을 넣고 약한 불에서 끓이면서, 중간중간 쌀이 바닥에 들러붙지 않게 뒤적여준다. 물이 졸아들면 추가로 물을 넣어가며 끓인다.

4 죽이 완성되면 소금으로 간을 해 한소끔 끓인다.

초보 한마디!

잣죽은 보양식으로 좋다고 하는데요.
남편이 끓인 잣죽을 먹어서 그런지 기운이 2배는 불끈 솟는 것 같네요.^^
참고로, 잣죽을 미음처럼 묽게 끓이고 싶을 때는 쌀을 30분 정도 담가 불린 다음 다지기로 곱게 갈아주시면 돼요. 생쌀은 곱게 갈기 어렵거든요.

조리시간 20분

손쉽게 맛살로 만든 요리
게살 수프
122

아빠가 감기에 걸렸다는 소식을 접하고, 엄마보다 잘할 수 있는 죽이 과연 뭘까 고민하다 엄마가
한 번도 해준 적 없는 게살 수프를 선택했습니다.
진짜 영덕대게로 만들면 좋겠지만, 급한 대로 크래미로 수프를 끓여 아빠께 가져다 드렸는데요.
아빠는 제 요리를 보자마자 "맛살로 죽을 다 끓이네"라며 신기해 하시더라고요.

주재료 | 크래미 1팩, 팽이버섯 1/2봉지, 달걀 1개, 멸치육수(혹은 닭육수), 국간장, 참기름, 전분가루

20분

1 크래미를 팽이버섯처럼 가늘게 찢고, 팽이버섯은 엄지손가락 한마디 길이로 썰어 놓는다.

2 멸치육수 혹은 닭육수를 준비한다. 육수가 없다면 물로 대신해도 된다.

3 육수에 크래미와 팽이버섯을 넣고 끓이면서 국간장으로 간을 한다. 거품이 생기면 걷어낸다.

4 물에 개어놓은 전분가루를 섞어 걸쭉하게 만든다.

5 달걀 1개를 풀어 넣고 섞는다.

6 참기름을 조금 넣어 맛과 향을 낸다. 취향에 따라 후춧가루를 뿌려 먹는다.

초보 한마디!

게살 수프는 녹말로 걸쭉하게 만들었기 때문에 완성하고 1시간 이내에 먹는 것이 좋습니다. 시간이 지날수록 점성이 풀어져 물처럼 되더라고요.

조리시간 40분

비 오는 날 아침에 생각나는 엄마표 수프 만들기
클램 차우더 수프
123

요즘 읽고 있는 책 속 주인공이 '어머니의 맛 수프를 만들기 위해 고군분투 중입니다. 책을 읽다 우리 엄마가 끓여준 수프는 무엇이었나 떠올려 봤더니, 수프에 쌀을 갈아 넣은 수프죽을 종종 끓여주셨네요. 오늘은 엄마의 수프죽은 뒤로 하고, 서양 엄마들의 대표 수프인 클램 차우더 수프에 도전해 봤어요.

주재료 | 베이컨 2장, 관자조개 1.5개, 감자 1개, 쪽파 1줄기(양파), 우유 1컵, 휘핑크림 1/2컵, 관자 육수(혹은 양지머리 육수) 2봉지, 후춧가루

1 베이컨, 관자, 감자를 1cm 너비로 썰고, 쪽파는 잘게 다진다.

2 냄비에 버터 1스푼을 넣고 다진 쪽파를 볶는다. 파가 익으면 베이컨을 넣고 볶는다.

3 밀가루 2스푼을 넣고 볶는다.

4 육수를 넣고 덩어리진 밀가루를 풀어준다.

양지머리 육수가 없다면, 관자육수 혹은 물을 사용해 주세요.

5 감자를 넣고 끓이다 감자가 익어가면 관자를 넣는다.

관자는 오래 익히면 질기니 관자를 넣고 바로 다음 단계로 진행해 주세요.

6 우유 1컵, 휘핑크림 1/2컵을 넣고 끓인다. 소금과 후춧가루로 간을 한다.

초보 한마디!

소금으로 간을 하기 전에, 맛을 봤는데 싱거는 수프 맛 같지 않으면 다시가루로 간을 해주세요. 갑자기 맛이 확 살아난다는~

조리시간 20분

스페인식 시원한 토마토 수프 만들기
가스파초
124

여름에 양식코스를 준비하면, 가장 신경 쓰이는 것이 수프죠. 날은 더운데 뜨거운 수프를 먹을 수도 없고~ 그런데 서양음식에도 우리나라의 냉국처럼 차가운 수프가 있답니다. 스페인에서 먹어봤던 맛을 완벽하게 재현하지는 못했지만, 청량감이 좋은 시원한 수프를 만들어 홈파티를 준비했어요.

| 주재료 | 토마토 3개, 오이 1/2개, 파프리카 1/2개, 식빵 1쪽, 올리브오일, 소금

4인분

1 믹서기를 이용해 껍질 벗긴 토마토, 오이, 파프리카를 간다.

2 식빵 1쪽을 잘게 찢어 넣고 간다.

3 갈은 재료를 그릇에 담고 올리브오일과 소금을 섞어 간을 한 후, 냉동실에서 살얼음이 낄 만큼 얼린다.

4 수프볼 혹은 커피잔에 담고 잘게 썬 오이와 파프리카를 올린다.

초보 한마디!

토마토 퓨레 혹은 가스파초 같은 토마토 요리를 만들 때 토마토는 껍질을 벗겨 사용해야 하는데요. 이 껍질은 강제로 벗기려면 무척 어렵습니다.
껍질을 쉽게 벗기려면 토마토를 끓는 물에 살짝 데친 후, 끝에 칼집을 내서 벗겨주세요.
생 토마토보다 훨씬 쉽게 벗겨질 거예요.

조리시간 40분

요즘 유행하는 엄청 매운 떡볶이 만들기
엽기 떡볶이
125

동생이 말하길 제가 엄마보다 잘하는 유일한 요리가 떡볶이라고 하더군요.
모처럼 휴일 오후, 남편한테 솜씨 자랑을 할 겸 떡볶이를 만들었습니다.
주중의 피로를 한방에 날려줄 만큼 맵게 만들었어요.
땀 뻘뻘 흘리며 한 냄비 먹었으니 내일부터 또다시 열심히 일해야겠죠? ^^

주재료 | 떡볶이 떡 한 주먹, 어묵 한 주먹, 양배추 반 주먹, 당근 1/4개, 양파 1/2개, 대파 1/3줄기, 라면사리 1개, 달걀 1개, 기타 사리(모짜렐라치즈, 곤약, 크래미 등) **양념 |** 고추장 2스푼, 고춧가루 1스푼, 매실액 1스푼, 다진 마늘 1/2스푼, 청양고추 1개, 후춧가루 1티스푼, 라면스프

2인분

1 고추장, 고춧가루, 매실액을 2:1:1의 비율로 섞고 기호에 따라 다진 마늘과 청양고추, 후춧가루를 넣는다.

2 어묵, 양배추, 당근, 양파, 대파 등을 떡볶이 떡과 비슷한 크기로 자른다. 라면사리와 달걀은 삶아 놓는다.

청양고추와 후춧가루로 매운 정도를 조절해 주세요.

3 냄비에 물을 넣고 양념장을 풀어가며 조금 싱겁게 간을 한다.

4 떡을 넣고 끓이다가 떡이 반쯤 익으면 어묵, 양배추, 당근, 양파, 대파를 넣고 끓인다.

5 야채가 모두 익으면 라면스프를 조금 넣어 간을 맞추고, 삶은 라면과 달걀을 넣는다.

6 보글보글 끓으면 모짜렐라치즈를 올린다. 치즈가 녹으면 끝.

조리시간 30분

국물 떡볶이 맛있게 만드는 비법!
길거리 떡볶이
126

예정대로라면, 지금쯤 크로아티아행 비행기를 탔어야 하는데요. 일정을 연기할 때만 해도 괜찮았는데 막상 예정됐던 출발일이 되자 우울하네요. 이런 날에는 분식을 잔뜩 시켜놓고 먹는 게 최고죠! 남편을 시켜 순대와 튀김을 냉큼 사오게 하고 그사이 떡볶이를 만들었어요.

주재료 | 떡볶이 떡 한 주먹, 어묵 한 주먹, 양파 1/2개, 달걀 1개, 멸치육수 1봉지
양념 | 고추장 1스푼, 다진 마늘 1/2스푼, 올리고당 2스푼, 카레가루 1/2~1티스푼

2인분

1 멸치육수 1봉지에 고추장, 다진 마늘, 올리고당을 넣고 끓인다.

2 양파는 두껍게 채썰고, 어묵은 먹기 좋은 크기로 자른다. 달걀은 삶아 둔다.

3 끓는 육수에 재료를 넣고 10분쯤 푹 끓인다.

4 카레가루 1티스푼을 넣고 2~3분 더 끓이면 끝.

초보 한마디!

국물 떡볶이 비법은 친구가 알려준 방법인데요.
다른 재료는 빠져도 되지만, 멸치육수와 카레가루 조금은 '꼭' 필요해요.
단, 카레가루를 많이 넣으면 카레 향이 느껴져서 떡볶이 특유의 맛이 사라지니까요.
2인분 기준으로 1/2~1티스푼, 5~6인분 기준으로 1/2~1스푼 정도로 조금만 넣어주세요.
카레가루를 넣는 순간, 갑자기 국물이 확~ 맛있어지는 걸 느낄 수 있을 거예요.

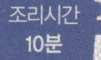
조리시간
10분

연유와 미숫가루 듬뿍 뿌린 엄마표 빙수에 홍차를 부어 세련되게~

홍차 팥빙수
127

대청소를 하다가 남편도 저도 더위를 먹었어요.
남편과 함께 번갈아 냉장고에 머리를 박고 있다가, 얼려놓은 우유팩을 발견했어요!
이렇게 기쁠 수가~ 남편과 둘이 구세주를 만난 듯 우유팩을 꺼내 빙수기로 갈기 시작했습니다.

주재료 | 얼린 우유 1팩, 단팥 3스푼, 연유, 미숫가루 1~2스푼, 시리얼 2스푼, 홍차 2스푼, 기타(곶감, 과자, 젤리, 떡, 건포도 등)

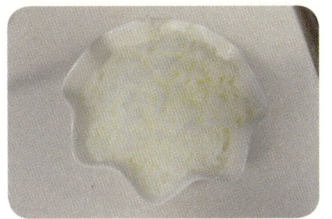

1 빙수기로 얼린 우유를 갈아준다.

2 갈은 우유 위에 단팥과 연유를 듬뿍 뿌린다.

3 시리얼과 미숫가루, 곶감 등을 올려 토핑을 한다.

4 진하게 내린 홍차를 부어준다.

초보 한마디!

맛있는 팥빙수 만드는 비법을 알려 드립니다.
첫 번째, 주재료인 얼음은 냉수를 이용하지 마시고 가능한 우유를 얼려서 사용해 주세요. 그래야 부드럽다는~
두 번째, 토핑 재료 중 미숫가루와 시리얼은 꼭 넣어주세요. 미숫가루의 고소함과 시리얼의 바삭함이 있어야 옛날 빙수!
세 번째, 진하게 내린 홍차를 부어주세요. 홍차의 향이 은은하게 입안 가득 퍼지는 것을 느낄 수 있어요. 시원한 밀크티 같은 느낌!
네 번째, 빙수에 들어가는 떡과 젤리 대신 곶감을 이용해 보세요. 쫄깃하면서도 건강한 맛을 느낄 수 있답니다.

조리시간 30분

어르신들도 좋아할 만한 케이크 손쉽게 만들기

단호박 치즈케이크 128

시어머님 생신입니다.
생신 하면 빠질 수 없는 것, 바로 케이크죠.
아빠 생신 때, 뉴욕 치즈케이크를 만들다 실패한 경험을 바탕으로 이번에는 어르신들도 좋아할 만
한 단호박을 주재료로 택했어요.

주재료 | 단호박 퓨레(단호박 1개, 꿀 1스푼), 크림치즈 7~8스푼, 달걀 2개, 설탕 3스푼, 옥수수 전분가루 1/2국자, 생크림 3~4스푼 **케이크 바닥 재료** | 곡물 쿠키 2/3봉지, 버터 1.5스푼
케이크 장식 재료 | 단호박 퓨레 3~4스푼, 생크림 3~4스푼

1 그릇에 버터 1.5스푼을 담고 전자레인지에서 녹인다.

전자레인지에서 10~20초면 충분해요.

2 녹인 버터에 가루로 만든 곡물 쿠키를 넣고 반죽한다.

3 유산지를 깐 케이크틀 바닥에 반죽한 곡물 쿠키를 넣고 얇게 편다. 케이크 반죽을 완성할 동안 냉장고에 넣고 굳힌다.

유산지 까는 방법은 '부록 02 케이크 유산지를 만들기'를 참고하세요.

4 단호박을 반으로 자르고 씨앗을 제거한다.

단호박 꼭지에 칼을 45도 정도로 꽂고 밑으로 당기면 쉽게 반으로 자를 수 있어요.

5 단호박에 젓가락이 들어갈 만큼 푹 찐다.

6 푹 익은 단호박의 껍질과 남은 씨앗을 제거한다. 단호박을 부드럽게 으깬 후, 꿀 1스푼을 넣고 섞어 단호박 퓨레를 만든다.

7 크림치즈 7~8스푼을 상온에 두고 녹인다.

계울철에는 상온에서 쉽게 녹지 않으니 따뜻한 물에 중탕으로 녹여주세요.

8 녹은 크림치즈에 설탕 3스푼을 넣고 부드럽게 섞는다.

9 달걀 2개를 풀어 체에 거른 후, 2~3번에 나누어 크림치즈에 넣고 부드럽게 섞는다.

한꺼번에 넣고 섞으면 크림치즈와 달걀이 분리될 수 있어요.

10 달걀이 다 섞였으면, 준비해 놓은 단호박 퓨레를 섞는다.

단호박은 장식용으로 쓸 수 있게, 3~4스푼 정도 남겨두세요.

11 생크림 3스푼을 넣고 부드럽게 섞는다.

12 마지막으로 옥수수 전분가루 1/2국자를 넣고 잘 섞는다.

13 냉장고에 보관 중인 케이크틀에 반죽을 붓고 수평을 맞춘다.

반죽 표면에 기포가 있으면 이쑤시개로 터트려 주세요.

14 170°C로 예열된 오븐에서 중탕으로 50분간 구우면서 10분에 한 번씩 좌우, 앞뒤 위치를 바꿔준다.

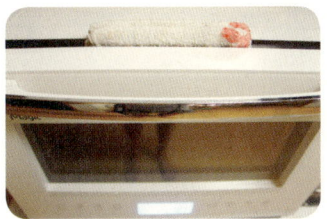

15 굽기가 끝나면, 오븐 문을 살짝 열어둔 채로 열기를 뺀다.

16 완성된 케이크는 틀에서 빼 접시에 올리고, 테두리 종이를 뗀다.

17 짜주머니에 생크림과 단호박을 각각 넣고 냉동실에서 살짝 얼린다.

18 짜주머니 끝의 입구가 0.5cm 정도가 되게 잘라내고, 케이크 테두리를 장식한다.

조리시간 2시간

머핀믹스를 이용해 손쉽게 케이크 만들기

호두 파운드케이크
129

회사가 너무 바빠서, 주말에도 근무를 합니다. 덕분에, 시아버님 생신이 다가오는데 시어머님 생신 때처럼 집에서 생신상을 차릴 시간이 도통 안 나네요. 고민 끝에, 생신 전날 퇴근하자마자 미역국과 케이크를 만들어 밤늦게 시댁에 찾아뵈었어요. 회사 때문에 미리 왔다고 하니 무척 기뻐하시더라고요. 퇴근하고 준비하느라 힘들었지만, 준비하길 잘한 것 같아요.

주재료 | 머핀믹스 1.5봉지(350g), 달걀 4개, 버터 4~5스푼, 우유 2/3컵, 견과류(땅콩, 아몬드, 호두), 건포도, 건블루베리

2인분

1 버터를 상온에서 부드럽게 녹인다. 달걀 4개를 풀어 체에 거른 후, 2~3번에 나누어 버터에 넣고 부드럽게 섞는다.

2 우유 2/3컵을 넣고 거품기를 이용해 빠르게 섞는다.

3 머핀믹스를 넣고 거품기로 빠르게 젓는다.

4 반죽에 반으로 쪼갠 땅콩, 아몬드와 건포도, 호두를 넣고 섞는다.

땅콩과 아몬드를 통으로 넣어도 돼요.

5 유산지를 깐 케이크틀에 반죽을 붓고 표면을 건블루베리와 호두로 장식한다.

케이크틀에 유산지 까는 방법은 복 '02 케이크 유산지를 만들기를 참고하세요.

6 170°C로 예열된 오븐에서 중탕으로 30분간 굽다가 뚜껑을 닫고 10분간, 다시 뚜껑을 열고 10분간 굽는다. 구우면서 10분에 한 번씩 좌우, 앞뒤 위치를 바꿔준다. 오븐 문을 살짝 열어둔 채로 열기를 뺀 후 완성된 케이크를 접시에 담고 유산지를 벗긴다.

조리시간 2시간

여자들이 좋아하는 새콤하고 부드러운 케이크
블루베리 치즈케이크
130

엄마 생신을 축하하기 위해, 남편이 미역국을 준비하고 제가 케이크를 만들었어요.
아빠 생신 날 만들었던 뉴욕 치즈케이크가 치즈 향이 너무 강해 느끼하다는 의견을 접수하고
치즈 향이 은은하게 살아 있으면서도 과일 향이 느껴지는 케이크를 연구했답니다.
그리고 마침내, 부드럽게 새콤한 블루베리 치즈케이크를 개발했어요.

케이크 재료 | 블루베리 퓨레(1kg 냉동 블루베리 1/2봉지, 레몬 1/2개, 설탕 1스푼, 크림치즈 7~8스푼, 요플레 1개, 생크림 3~4스푼, 달걀 2개, 설탕 1스푼, 옥수수 전분가루 1/2국자
케이크 바닥 재료 | 곡물 쿠키 2/3봉지, 버터 1.5스푼
케이크 장식 재료 | 1kg 냉동 블루베리 1/4봉지, 레몬 1/2개, 설탕 1/2스푼, 생크림 3~4스푼, 허브잎

단 게 좋은 경우, 설탕을 더 많이 넣어주세요.

1 냄비에 블루베리 0.5kg에 설탕 1스푼, 레몬 1/2개를 즙을 내서 넣고 조려 블루베리 퓨레를 만든다. 퓨레를 갈거나 으깨지 않고 덩어리째 조린다. 완성된 블루베리 퓨레는 상온에서 식혀둔다.

2 요플레는 체에 키친타올을 깔고 받쳐 냉장고에 두고 물기를 뺀다.

반나절로 걸리니까 전날 저녁에 준비해 주세요.

3 버터 1.5스푼을 녹이고 곡물 쿠키를 가루로 만들어 넣고 섞는다.

버터를 담은 그릇을 전자레인지에서 10~20초 정도 가열하면 곧바로 녹아요.

4 유산지를 깐 케이크틀 바닥에 반죽한 곡물 쿠키를 넣고 얇게 편다. 케이크 반죽을 완성할 동안 냉장고에 넣고 굳힌다.

케이크틀에 유산지 까는 방법은 부록 '02 케이크 유산지를 만들기'를 참고하세요.

5 크림치즈 7~8스푼을 상온에 두고 녹인다. 녹은 크림치즈에 설탕 1스푼을 넣고 부드럽게 섞는다.

겨울철에는 상온에서 쉽게 녹지 않으니 따뜻한 물 중탕으로 녹여주세요.

6 달걀 2개를 풀어 체에 거른 후, 2~3번에 나누어 크림치즈에 넣고 부드럽게 섞는다.

한꺼번에 넣고 섞으면 크림치즈와 달걀이 분리될 수 있어요.

7 물기 뺀 요플레를 넣고 섞는다.

8 생크림 3~4스푼을 넣고 부드럽게 섞는다.

9 옥수수 전분가루 1/2국자를 넣고 잘 섞는다.

10 마지막으로 준비해놓은 블루베리 퓨레를 넣고 뒤적뒤적 섞는다.

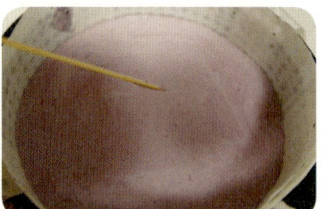

11 냉장고에 보관 중인 케이크틀에 반죽을 붓고 수평을 맞춘다. 표면에 기포가 있으면 이쑤시개로 터트려준다.

12 170℃로 예열된 오븐에서 중탕으로 50분간 구우면서 10분에 한 번씩 좌우, 앞뒤 위치를 바꿔준다.

13 케이크를 굽는 동안 케이크 표면을 장식할 블루베리잼을 준비한다. 블루베리 0.25kg에 레몬 1/2개 즙을 넣고 곱게 갈아 냄비에 담고 조린다. 조릴 때 설탕 1/2스푼을 넣는다.

14 완성된 케이크에 블루베리잼을 얹고 170℃로 예열된 오븐에서 중탕으로 10분간 굽는다.

15 케이크가 완성되면, 오븐 문을 살짝 열어둔 채로 열기를 뺀다.

16 케이크를 접시에 올려 유산지를 벗기고 표면을 생크림과 블루베리, 허브잎으로 장식한다.

냉동 블루베리를 사용할 경우, 장식할 블루베리는 상온에서 하루 정도 건조시켜 주세요.

초보 한마디!

치즈케이크 만들 때 주의사항!
첫 번째, 모든 재료는 상온에 두고 찬기를 빼주세요. 차가운 상태로 조리하면 크림치즈가 덩어리 질 수 있어요.
두 번째, 케이크가 완성되면 오븐 뚜껑을 바로 열지 말고 뚜껑을 살짝 열어 열기를 빼주세요. 갑자기 문을 열고 꺼내면 표면이 갈라질 수 있거든요. 참고로, 위의 15번 사진처럼 오븐 문에 수건을 접어 끼워놓으면 좋아요.

후다닥 밥을 차리는 마누라를 마법사라고 착각하는 남편은 모르는 사실이지만!
마법의 육수, 마법의 누룽지, 마법의 간장, 마법의 고추장 등
초보주부 주방에는 마법의 재료가 숨어 있답니다.

쉿! 남편에게는 비밀!

부록

01 누룽지 튀김 만들기

 주재료 | 찬밥, 물, 식용유

1 전골냄비 혹은 프라이팬에 찬밥과 물을 1~2스푼 넣은 후 밥을 가능한 얇게 편다.

물을 섞어야 밥이 얇게 펴져요.

2 가장 약한 불에서 굽다가 테두리가 똑 떨어지면 뒤집는다.

누룽지탕용 누룽지는 2~3일 건조한 것을 사용해 주세요.

3 뒤집은 상태로 10~20분간 노릇노릇하게 굽는다. 완성된 누룽지는 상온에서 2~3일간 건조한 후, 보관한다.

4 냄비에 식용유를 넣고 약한 불에서 천천히 가열한다. 굵은 소금을 떨어트렸을 때, 바삭한 소리를 내며 소금이 위로 떠오르면 튀기기 좋은 온도. 주먹만 한 크기로 조각 낸 누룽지를 넣고 튀긴다.

약한 불에서 가열해야 몸에 나쁜 연기가 나지 않아요.

5 튀긴 누룽지는 유산지에 올려 기름을 뺀다. 튀긴 누룽지에 설탕을 뿌려 간식으로 먹거나 누룽지탕을 한다.

누룽지탕을 할 때는 육수를 붓기 직전에 튀겨 주는 것이 좋아요. 그래야 바삭하면서도 부드러운 누룽지탕을 먹을 수 있어요.

02 케이크 유산지틀 만들기

 주재료 | 유산지, 가위

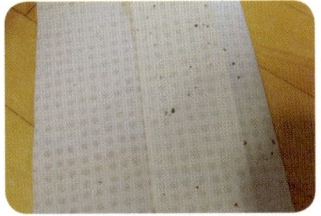

1 유산지를 케이크틀 둘레보다 한 뼘 쯤 길게 자른다. 가장자리를 2cm 넓이로 접고, 그 위로 케이크틀 높이만큼 접어서 자른다.

2 2cm 넓이로 접은 부분을 원형이 잘 유지되도록 3~4cm 간격씩 세로로 자른다.

3 케이크틀에 길게 자른 종이를 먼저 십자로 놓고, 앞서 2번에서 만든 종이를 케이크틀 테두리에 맞춰 넣어준다.

4 케이크 바닥 모양(원형)으로 자른 유산지를 준비하여, 밥풀로 바닥에 고정시킨다.

테두리 종이의 겹쳐서 뜬 부분은 밥풀로 밀착시켜 주세요.

03 멸치육수 만들기

 주재료 | 멸치 1대접, 건새우 1대접, 북어포 1대접, 다시마 1대접, 말린 표고버섯 1대접, 건홍합 1공기, 무 2개, 대파 뿌리 5개, 겉잎이 붙은 양파 3개

1 멸치, 건새우, 북어포, 다시마, 말린 표고버섯은 1대접씩, 건홍합은 1공기, 무 2개, 대파 뿌리 5개, 겉잎이 그대로 있는 양파 3개를 준비한다.

2 곰솥 가득 물(약 10리터)을 넣고 망사로 된 천 자루에 재료를 넣고 담근다. 처음에는 센불에서 끓이다가, 끓기 시작하면 가장 작은 불로 줄여서 1시간가량 푹 끓인다.

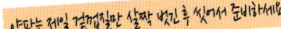
양파는 제일 겉껍질만 살짝 벗긴 후 씻어서 준비하세요.

3 육수를 식힌 후, 밥공기 한 개 분량씩 비닐봉지에 담아 냉동실에 보관한다.

초보 한마디!

육수 1봉지는 2인분용 찌개, 국, 매운탕 등을 만들 때 씁니다.
어묵탕, 잔치국수 등을 만들 때는 진한 육수 국물이 좋으니 1인분에 1봉지씩 쓰고요.

04 양념장(영양밥, 부침개)

 주재료(영양밥) | 양조간장 2스푼, 국간장 2스푼, 물 2스푼, 쪽파 1~2줄기, 다진 마늘 1티스푼, 통깨 1티스푼, 갈은 깨 1티스푼, 들기름(혹은 참기름) 1/2~1스푼, 청양고추 1/2개

1 쪽파 1~2줄기를 잘게 썰고, 다진 마늘 1티스푼, 통깨 1티스푼, 갈은 깨 1티스푼, 양조간장 2스푼, 국간장 2스푼, 물 2스푼을 넣고 섞어준다. 입맛에 따라 청양고추를 다져 넣는다.

2 취향에 따라, 들기름 혹은 참기름을 1/2~1스푼 넣는다.

곤밥에는 들기름이, 버섯밥 혹은 콩나물 밥에는 참기름이 들기름보다 제 맛있어요. 대체로, 황잡곡밥처럼 재료 본연의 향이 강한 영양밥에는 아무것도 넣지 않는 것이 좋아요.

구운 김에 밥을 싸먹을 때 먹어도 맛있어요.

3 영양밥 양념장 완성.

 주재료(부침개) | 양조간장 1스푼, 식초 1스푼, 물 1스푼, 설탕 1/2스푼, 쪽파 1/2줄기, 고춧가루 1티스푼

1 양조간장 1스푼, 식초 1스푼, 물 1스푼에 설탕 1/2스푼, 쪽파 1/2줄기, 고춧가루 1티스푼을 넣고 섞는다.

2 부침개용 양념장 완성.

05 쌈장

 주재료 | 된장 1/2스푼, 고추장 1티스푼, 다진 마늘 1티스푼, 청양고추 1/2개, 참기름 1스푼, 매실액 1/2~1스푼, 양파, 두부

1 된장 1/2스푼에 고추장 1티스푼, 다진 마늘과 다진 청양고추를 각 1티스푼씩, 다진 양파는 1/2스푼 정도, 참기름 1스푼, 매실액 1/2스푼을 넣고 섞는다.

2 싱겁게 먹고 싶은 경우, 1번에 으깬 두부를 1스푼 넣고 섞는다.

3 쌈장 완성. 왼쪽이 1번 쌈장. 오른쪽이 2번 쌈장.

06 맛있는 고추장

마늘고추장 주재료 | 고추장 2스푼, 다진 마늘 1스푼, 매실액 1스푼
고추장 소고기 볶음 재료 | 고추장 3스푼, 다진 소고기 3스푼, 참기름 1스푼
초장 | 고추장 1/2공기, 2배 식초 1/4공기, 설탕 1/4공기, 사과 1/4개, 배 1/8개, 양파 1/4개

1 고추장 2스푼에 다진 마늘 1스푼, 매실액 1스푼을 넣고 섞는다.

많이 만들기 놓고 보관해서 먹으면 좋아요.

2 소고기 3스푼을 팬에 넣고 볶다가 소고기가 반쯤 익으면 고추장 3스푼에 참기름 1스푼을 넣고 볶는다. 소고기 대신 잘게 자른 북어포를 넣고 볶아도 좋다.

3 고추장 1/2공기, 2배 식초 1/4공기, 설탕 1/4공기에 사과 1/4개, 배 1/8개, 양파 1/4개를 갈아 넣고 섞는다.

일반 식초를 사용하면 물기가 너무 많아지니 2배 식초를 이용해 주세요. 참고로, 초장은 1년 정도까지 보관해도 상하지 않으니 한꺼번에 많이 만들어 놓고 드시는 게 편해요.

4 맛있는 고추장 완성. 왼쪽이 1번 마늘 고추장, 오른쪽이 2번 고추장, 하단이 3번 초장.